GOBOOKS
& SITAK
GROUP©

生活勵志 HL026

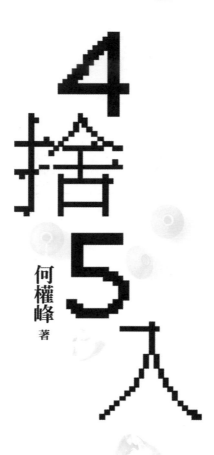

4捨5入

何權峰 著

高寶國際集團

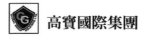

生活勵志 026

四捨五入

作　　者　何權峰
編　　輯　李國祥
校　　對　李欣蓉
出 版 者　英屬維京群島商高寶國際有限公司台灣分公司
　　　　　Global Group Holdings, Ltd.
聯絡地址　台北市內湖區新明路174巷15號1樓
網　　址　gobooks.com.tw
E -mail　readers@sitak.com.tw
　　　　　pr@sitak.com.tw
電　　話　(02) 27911197 27918621
電　　傳　出版部(02) 27955824　行銷部(02) 27955825
郵政劃撥　19394552
戶　　名　英屬維京群島商高寶國際有限公司台灣分公司
初版日期　2006年1月
發　　行　希代書版集團發行/Printed in Taiwan

香港總經銷　全力圖書有限公司
地　　址　香港新界葵涌打磚坪街58-76號和豐工業中心1樓8室
電　　話　(852) 2494-7282　傳真 (852) 2494-7609

國家圖書館出版品預行編目資料

四捨五入 / 何權峰著. -- 初版. -- 臺北市：高寶國際出版：希代發行，2006[民95]
　面；　公分. -- (生活勵志；26)

ISBN 986-7088-50-0(平裝)
1. 修身 2. 生活指導

192.1　　94025209

如果你一直用手把水往自己方向划來，
水就從兩邊流走，
反之，當你向對方推去，水反而往自己方向流過來。

Contents

1

2

3

4

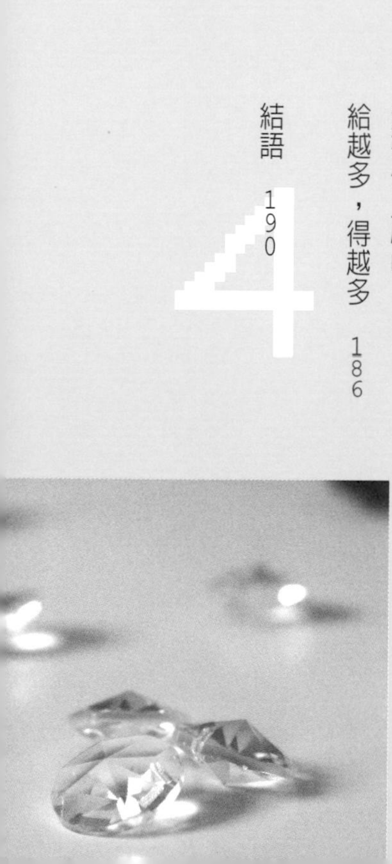

〈序文〉放下即解脫

在夜市裡常看到有撈金魚的遊戲，小朋友們一到那兒總是流連忘返。撈金魚的框子貼了薄薄的一層紙，這種紙浸水以後很容易就破了，往往撈幾次就無法使用。

一位在夜市擺攤多年的老闆，悄悄透露了撈金魚的祕訣：「先把撈金魚的網子，用牙籤戳破一個小洞，下水撈魚時，水的阻力有了去處，網子就不容易破了。小孩子總捨不得把那層紙弄破一點，魚網反而破得更快。」

你或許會笑小孩，但你何嘗不是這樣，想得到更多，卻什麼也不願捨棄，什麼也不想失去……想清心，卻不願寡欲；想清閒，卻把時間都填滿；說步調太趕，卻不願放慢一點；說時間太少，卻不願捨棄瑣事；嫌空間太小，卻不願捨棄雜物；說想減重，卻還吃個不停；說想多被愛，卻不願放下懷疑、嫉妒、爭執、占有；想減輕負擔，卻不肯放下一些，這不是更可笑嗎？

你有那麼多的欲望，想擁有這個，想得到那個，如果欲求不消失，你的不滿怎麼可能停止？如果你持續的不滿，你怎麼可能喜樂？如果你沒有喜樂，你怎麼可能享受？如果你無法享受，你欲求又是為了什麼？

喜樂不是透過欲求而來，不，喜樂是要去捨而不是去得，追逐喜樂就像撈金魚一樣，如果你「捨不得」，魚網反而破得更快。反之，如果你「捨得」，失去反而讓你獲得更多。

捨得，原來這就是喜樂的秘訣。物質的捨棄讓你學會放下，心靈的捨棄讓你得到解脫。解脫其實不難，放下即解脫。

《四捨五入》是割捨的哲學，也是喜樂的哲學，寫給所有「放不下又捨不得」的朋友們。

1

It is unbecoming for young men to utter maxims.

Aristotle

人生的目標並不是錢；而是人。

——俄國詩人普希金

4

捨

010

割捨的哲學

成功的關鍵不在得更多，而在你願意放棄什麼。

有一次，我到一位退休老師家，他的樓頂種了許多盆景，他一邊介紹一邊把盆景的葉子剪去。

「為什麼要把葉子剪去？」我好奇地問。

老師說：「把葉子給剪去，可以減少水分被蒸發，這樣盆栽才會長得更好。」

原來如此，我想起小時候到果園，看媽媽在修剪果樹，也曾有同樣的疑惑：「為什麼要剪掉樹枝？」

「因為如果不剪掉一些，枝葉就長不好，果子也會跟著欠收。」

「但是剪掉之後，枝葉變少，果實怎麼可能變多？」

媽媽說：「因為那些被剪掉的枝頭，會長出更多的新枝，接著新枝會長出許多花苞，這樣果實自然豐碩累累。」

有捨才有得，一棵植物的芽枝，如果太多，就無法集中吸收根部的養分，所以一個有經驗的農夫或園藝家，會把一棵植物的芽枝剪除，如此就能使樹木生長得快，果實結得特別肥大。

那些內行的花匠，也常會把花蕾剪去，只留著一二個，好讓養分能集中。有時為了保持水分，他們還會把植物的葉子剪去大半，或是把花梗剪去一小截，這些都是割捨的哲學。

我有一位同事，她插在瓶子裡的花，總是能維持比別人久，「這有什麼竅門嗎？」我問她。

「這很簡單，」她說：「只要每天換水，並且把花梗剪去一小截就可以了。因為花梗的一端在水裡容易腐爛，腐爛之後不能吸收水分，就容易凋謝。」

「放下其實是另一種獲得。」有位雕刻師父說得好，他說：「成功的關鍵不在得更多，而在你願意放棄什麼。」就像一塊木石，在工匠的刀斧雕鑿下，似乎是耗損、割離，但其實每一個捨棄，都是一種獲得，都是成就作品的過程。

成就生命何嘗不是一樣，不在「得中求得」，而在「失中求得」，捨棄了「旁枝末葉」，反而成就豐碩的果實。

用「減法」來成就「加法」

成熟是放下的關鍵，如果你夠成熟，你就會懂得放下。

人們總是想得到更大更多，卻從來沒有考慮到更大更多之後會失去什麼。

當一個人沒錢的時候，他總是想「如果我有錢就好。」但是當他有了錢，那個快樂的感覺並不會持續太久，他會擔心錢貶值，他又會開始想「要是有更多錢就好？」於是他開始投資，為了投資他去借貸，當投資越多越廣，他所欠的錢也就越來越多。

一個人在下位的時候，在他一文不名的時候，他總是想「等我升了官、等我闖出名號，到那時我一定要好好放鬆，好好享受。」於是他不斷努力，但是當他職位越當越高，他休息的時間就越來越少；當他事業越做越大，他就越難放鬆下來。

作家羅伯特．佛羅斯特對此就曾諷刺地說：「老實點一天工作八小時，最後你可能成為老闆，然後一天工作十二小時。」

這根本是撿了葡萄卻丟了西瓜，根本是本末倒置。這些年我陸續結束掉一些工作和計畫，就是不想掉入同樣的陷阱，我想人到了「一定成熟」之後，不該再拼命用「加法」，而應該用「減法」，讓日子越來越輕鬆，而不是越過越累，這樣才對。

著名的心理學大師容格曾經形容，一個人步入中年，就等於走到「人生的下午」，這個階段既可以回顧過去，又可以展望未來。

容格說，在下午的時候，就應該回頭檢查早上出發時所帶的東西，究竟還合不合用？有些東西是不是該丟棄了？

不成熟的水果會附著樹，樹也會緊抓著不成熟的果子，只有成熟的果子會掉在地上，成熟是放下的關鍵，如果你夠成熟，你就會懂得放下。

4 捨

016

是無，也是有

把不要的東西清空，那些美好的事物才能進來。

你拿著一個杯子，裡面裝滿著水，然後你把水倒掉，你會怎麼描述它？你會說它是空的杯子？還是說它是滿的杯子？

你進入一個房間，裡面擺滿著家具和雜物，然後有人把這些東西都搬走。當你再度進入這房間時，你會怎麼描述它？你會裡面沒有東西？還是說它是滿的？

你會說什麼都沒有，對嗎？因為當水被倒掉，當東西被搬走，裡面空空的，所以你會認為裡面什麼都沒有。

但是，沒有是什麼呢？杯子裡沒有水，卻裝滿著空氣是什麼都沒有嗎？當家具被拿掉之後，整個房間都變大，你擁有更多的空間，是什麼都沒有嗎？不，當你沒有，你其實是擁有更多。

你覺得「沒有」，那是因為你只看到那些存在的實物，卻沒看到存在的空間；你只看到看得見的，卻沒看到那看不見的。

牆壁是看得見的，但房子之所以有用，並不在於周邊的牆壁，而在其中的空間。你只能使用牆壁與牆壁之間的房間，生活在那些空無的部分，你無法住在牆壁裡，不是嗎？

你從哪裡進入房子？從哪裡呼吸到新鮮的空氣？從門、從窗，從空無，從「看不見」牆壁的地方，對嗎？

4 捨

當你用罐子來裝東西，你用的是哪裡？你用的是罐子的「牆壁」還是其中的空間？當你用杯子裝水來喝，你用的是哪裡？你用的是杯子中空的部分，對嗎？所以，真正重要的是空間。

人們實在太過執著於東西，只知不斷地抓，不斷地要，不斷地想擁有，想占有，卻沒有意識到當你抓得越多，空間就越小；要得越多，空間就越窄。

這世界已日益擁擠，日益壓迫，原因就出在人們不懂得捨。你必須先捨棄，把不要的東西清空，那些美好的事物才能進來。

空，是無，也是有。「沒有」往往比「占有」擁有更多。

物累其實是心累

能把對自己意義重大的東西丟棄，生命必可煥然一新。

幾年前，我有過一次深刻的搬家經驗。從那次搬家，我真正體會到人要懂得「捨」。比方，有許多捨不得丟棄的家具，放到新房子之後，才發現格格不入；還有一些精美的擺飾，當初覺得愛不釋手，然而現在反成了最礙眼的累贅。

記得畢卡索曾說過：「藝術就是剔除那些累贅之物。」留下了這些累贅之物，不但破壞了整個美感，就連品味和風格也都走樣。

所以，此後我對那些「不合用」的東西，總是能捨就捨。

當然，我所謂的捨，是捨棄而不是丟棄，是讓自己從「收藏家」變成「慈善家」。我認為捨棄最好的方法就是把它們送人，像一些沒用到的書、衣物、用品，都可以捐人或送人，不要考慮它們的「價值」，我說過了，價值是來自需求，如果那東西對你已無多大用處，就送給有需要的人，這樣不是更有價值嗎？

送人？有人可能會覺得可惜。但如果你真的「惜物」，那你就更應該把它們送給那些喜歡它、會珍惜它的人，那樣才對；而不是把它丟在一邊，讓它失去價值，甚至成了累贅之物，那才可惜。

物累其實是心累，心若懂得捨，又何來那麼多的負累？

我發現許多女人在整理衣櫃時，經常牢騷滿腹，問題就出在不知如何捨棄，怪不得「衣滿為患」。像那些一兩年都沒穿到，甚至以後不太可能穿上的衣服，為什麼不把它們送給別人？別再「衣衣不捨」了，如果你不割捨一些東西，原本的雜亂無章又如何乾淨俐落？

再看看其他的櫃子中、桌子上、抽屜裡……有哪些東西可以送人？若不要的就把它們都丟了吧！把垃圾桶擺在身邊，從裡面挑出十件沒有用的東西來丟掉，例如不會走的手錶、歷史悠久的維他命、過期的處方藥、顏色不喜歡的口紅、壞掉或不能穿的鞋子，生鏽而不能用的老虎鉗和電器拆下來的廢電池和螺絲等。你也很清楚，這些連小偷闖進家裡偷走你都不會在意的東西，你還要繼續收藏嗎？

人們常會抱怨房子太小，其實更嚴重的是廢物太多，空間已經夠小了，還塞那麼多「廢物」幹嘛？你計算過你家一坪值多少錢嗎？拿有使用價值的空間來擺放那些已經沒有用的東西，這樣根本不是節儉，而是浪費。

年老的印地安人說：能把對自己意義重大的東西丟棄，生命必可煥然一新。

每個月只要兩次「清理門戶」，每次丟十件廢物，送出五件衣物，不用多久，你的房間看起來就會有原本的兩倍大，你會感覺整個房子變得開闊明亮，空氣也變得更清新通暢，心情自然開朗起來。

更重要的是，當你割捨習慣後，不但從執著中解脫，生命必可煥然一新。

留下飛翔的空間

要給自己留白，留了一個可以舒展的空間，而不是把生命填得滿滿的。

宋徽宗時有一次舉行畫院考試，由徽宗親自出題、選才。全國的書畫人才紛紛報名參加，希望能金榜題名進入畫院。

徽宗出了一句古詩為題，要應徵者照著詩意畫出來。

古詩是「深山藏古寺」。

許多赴試的書生們一看到題目，立即著墨，都覺得很簡單。

每一幅交出來的畫都有著高聳蒼鬱、雲霧飄緲的深山。廟宇的飛簷由掩蓋著的樹林中隱約地露出一角。

書生們各顯神通，作品都十分的華麗、壯觀。

徽宗一一地觀賞所有書生的作品，都沒有什麼表情，最後在看到一幅平實無華的畫，卻拍案叫絕。

這幅畫不見廟宇飛簷，只簡單地畫著「一位老和尚在山腳的溪邊挑水」。

妙啊！以和尚點出深山有古寺，這古寺「藏」得真是巧妙！

畫這幅畫的書生果然奪得了第一。

印象中也有一幅名為《風雨中的寧靜》的畫，這幅畫既無風也無雨，只是簡單畫了一個瀑布，在瀑布旁邊的樹梢，有個鳥巢，幾隻小鳥正靜靜地安睡在鳥巢裡，這幅畫即是巧妙地透過「噪音」來呈現「寧靜」。

噪音與寧靜有著很深的關連。所謂：「蟬噪林越靜，鳥鳴山更幽。」當背景有噪音的時候，那個寧靜會變得更靜。畫家用瀑布來凸顯寧靜的道理就在此，就像用老和尚帶出古寺一樣，瀑布真正的重點在於帶出寧靜，都是一種意境，給人留了一個想像的空間。

如果你曾注意看過中國和日本的繪畫，你一定會感到訝異，為什麼有些畫家會用很大的畫布來畫一幅小畫，留下一大片空白是為什麼？

有一個日本畫家在一幅巨大的畫布上畫了一幅畫。在畫布一角，他畫了一棵樹，樹枝上有幾隻鳥，但其餘的畫布都是空的。有人問他是不是要在空白處再畫些東西，他說：「不，我必須替這些鳥留下一片飛翔的空間。」

畫家之所以只用一小角落來作畫，就是為了凸顯整個廣闊的空間。

捨

空間是需要的，有了留白，畫作才會顯得生氣盎然；生活何嘗不是一樣，要給自己留白——留一個想像的空間，留一個寧靜空間，留一個可以舒展的空間，而不是把它填得滿滿的。

你到底在忙什麼？

你每天都很賣力地去過，卻從未真正去過好每一天。

這是一個奇怪的世界……人們一直談論要如何放鬆，卻過得越來越緊張；每個人都覺得很累，卻又給自己製造更多的負擔；大家都說要好好休息，但是所做的一切反而讓自己越無法休息。

從週一到週五，趕上班、上課、塞車、開會、加班、還有那些沒完沒了的家務。到晚上還有一連串的節目，要應酬、看電視、打電話、與朋友見面、發牢騷、討論、聊天，計畫週末要到那裡渡假，要如何放鬆休息……。

假日終於到來，大家又趕著出門，從沿路塞車，到那裡人潮洶湧……這要怎麼放鬆休息？甚至連坐下來的地方都沒有，眼看整個假期就這樣泡湯，然後回程又是一趟令人疲乏的馬拉松。所以，在假日之後許多人常常覺得比其他任何一天都來得累。

你難道沒有看出其中的愚蠢嗎？你整天等著下班，好讓自己能夠放鬆，但是下了班之後，你又再度被填滿，因為你有太多嗜好，有太多想做的事，你還捨不得休息，你還想再看一下電視，再打幾通電話、再約幾個朋友、再多喝幾杯酒……

然後，你殷切地期盼，等待假日要好好放鬆，可是在放假的兩天裡，你有真正地放鬆嗎？你會去做那些已經等了五天想去做的事，即使你以休息為名，但你真的有好好休息嗎？

我們已忘了休息，忘了放鬆，忘了給生命留白。有太多日子你就是這樣錯過了，你每天都很賣力地去過，卻從未真正去過好每一天。

去看看整個自然是那樣地悠閒，那樣地自在。微風徐徐、小溪潺潺、鳥兒啁啾，魚兒悠游、貓兒趴在那裡紋風不動，所有一切是那麼放鬆，不慌張、不匆忙。然而你卻片刻都靜不下來，你到底在忙什麼？

放慢腳步，靜下來，好好想這個問題吧！

做得少，成就更多

假如給我九個小時去砍斷一顆樹，我會花六小時磨利我的斧。

有一個探險家到非洲探險，雇了幾個當地的土著幫他扛行李。這些土著個個魁梧有力，行進速度非常快，探險家心中竊喜，想到只花了一點點代價，就可以雇到這麼健壯認真的腳伕，實在太划算了。

連續三天，這群土著馬不停蹄的趕路，但是第四天一早，所有的土著都坐在樹下休息，神情悠閒自在，探險家不解地問道：「你們為什麼不趕路了？」

士著回答：「我們趕路趕得太快了，靈魂遠遠落在後面，所以我們坐在這裡等靈魂追上來。」

這是一直以來人們常有的誤解，把休息看作是偷懶，是浪費時間。休息是浪費時間嗎？不，相反地，當你越放鬆，你就變得越有創意，你越是放鬆，你就越有生產力。

我聽說藝術大師達文西在創作時，他也會在工作幾天，然後不說一聲停下來休息。委託他作畫《最後的晚餐》的修道院院長為此滿心不高興。

根據凡薩利的記載：「這座教堂的院長殷殷懇求達文西早日完成，因為他不懂，達文西有時候會失神老半天。他希望達文西像花園裡揮鋤的工人，從不放下畫筆。」凡薩利說，這位院長向米蘭大公抱怨，於是大公向達文西質疑他的工作習慣，而達文西說服大公：「最偉大的天才，有時候做得少反而成就更多。」

心理學家歐森曾提到一個有趣的故事：

有一個鋸木工人面對堆積如山的木材，他埋頭不停地鋸，緊張地不敢休息。好心人士勸他：「我看你鋸子都有點鈍了，你應該休息一下，磨磨你的鋸子吧！」

鋸子工人卻不耐煩地說：「你沒看到我有這麼多木材要鋸嗎？那有時間去磨鋸子！」

人們常會說：「我有這麼多工作，那有時間休息！」這就像鋸子工人說：「我有這麼多木材要鋸，那有時間去磨鋸子！」不是很可笑嗎？事實上，如果你連休息的時間都抽不出來，那就更需要休息了！

休息是為了走更長的路，套句林肯的話：「假如給我九個小時去砍斷一棵樹，我會花六小時磨利我的斧。」沒錯，如此才能做得少反而成就更多。

5
入

4 少做一點，做得更好

關鍵不在增加工作時間，而在增加工作所顯現的價值。

你工作一小時值多少錢？如果你一星期工作四十小時，每星期薪水一萬元，顯然你每小時值二百五十元。但真是這樣嗎？如果你每天通勤要花一小時，每天下班還要花上一小時做與工作相關的事情，實際上你是一星期工作五十小時，換句話說，你真正的時薪是兩百元。

那如果你想要增加收入，你會怎麼做？很多人就會開始去兼差，會把工作的時間延長，或是更努力的工作，這是普遍的現象。但是卻很少人想過要怎麼提升自己的時間價值。

錢流向價值所在，沒錯，也許你得努力工作才能創造價值，但並非是你努力的工作帶給你財富，而是價值帶來財富，這是大家必須先了解的。這跟你一天工作幾個小時無關，要給你錢的人在乎的是你的成果，在乎的是價值。所以，如果你想增加收入，關鍵不在增加工作時間，而在增加工作所顯現的價值。

工作所顯現的價值越高，你的時間價值就越高，而當時間價值越高，你的時薪也就跟著升高，那是必然的。

我發現，無論是成功的經理人、領導者或個人，他們都有共同特點，他們專注在自己最擅長的領域，那也就是他們的價值所在。他們並不是什麼都做，而是選擇不做什麼。

是的，重點不在你做什麼，而在你是否知道你什麼不該做，並且真的不去做。你必須具備過濾的能力，專注在真正重要的事物。少做一點，做得更好一些，這就是提升價值的祕訣。

你想過你工作一小時值多少錢嗎？如果你覺得自己沒有那麼廉價，那就好好創造你的時間價值吧！

想要是不必要的

要去滿足你的需要，而不要理會你想要的。

你曾否察覺到，有些東西是你真正需要的，可是，有些東西看起來好像需要，但如果你仔細想過，卻不是絕對必要的？

比方，你的朋友買了新的手機，一只比你更炫更漂亮的手機，你心裡的欲求就產生了，你也想要換手機，即使你並不需要，但你會不斷的去想。當你的同事換了車子，你也想換，或許你並不需要那麼大的車子，或許你並沒有足夠的錢，但你會一想再想，想要那些不必要的。

5

入

需要非常簡單，而且很少，你需要什麼呢？食物、陽光、空氣、水、需要有房子住，需要休息睡覺，這些都是一些簡單的東西，都是必要的需求，需要很容易就被滿足。

但你為什麼有那麼多不滿？因為你「想要」一部更好的車子，更豪華的房子，更大的鑽戒，更多人的羨慕，欲望非常複雜，欲求總是想要更多不必要的東西。

人們真的瘋了，他們不斷地滋長他們的欲求，這欲求可以是時尚的流行服飾、進口汽車、LV的皮包，也可以是地位、是名聲……只要留意看你自己，你的欲望一直在駕馭你。日子原可以過得很輕鬆簡單的，但你卻過得如此負擔，因為你把能量都浪費在那些不必要的東西上面。

需要是必要的，需要是「必需品」；想要是不必要的，想要是「奢侈品」。滿足需求，並不是滿足欲求，不要將這兩者搞混。人們常把想要當成需要，又把奢侈品變成必需品，問題就出在這裡。

身體需要放鬆，身體需要休息；但欲望卻不放過你。所以我們必須了解「需要」與「想要」的差別。你可以滿足身體，可以滿足需要；但你無法滿足欲望，欲望總是想要多還想更多，那是無止盡的。

4

捨

夠了就好

要以胃的需求為準，而不是跟隨嘴巴的欲求。

當你口渴的時候，你需要喝水；當你肚子餓時，你需要食物，這是需要。

但如果你已經吃飽了，你還想要，你說：「這甜點很好吃，我想再吃一點。」「這飲料很好喝，我想再喝一杯。」這「想要的」就是欲望。

欲望總是想要更多，比方你吃冰淇淋，你吃完了你會想再吃，因為欲望永遠無法滿足，它無法給你飽足感，所以即使你肚子已經很撐了，但嘴巴還會繼續想吃，因為一開始那個「需要」就不存在。

欲望不是根據身體的需要在吃，欲望是嘴巴，嘴巴喜歡重口味，嘴巴喜歡刺激，即使胃覺得不舒服，但嘴巴還是盡情地吃喝；就算身體已經足夠了，但嘴巴還覺得不夠，然後你就會吃下過多「不需要」的東西。

身體需要吃自然健康的食物，像水果、蔬菜、堅果等等，這些食物你可以盡可能的吃，因為任何自然的食物都會帶來飽足感，你不可能吃得比你所需要的來得多。

但是不自然的食物，像冰淇淋、炸雞、可樂等等，你可以試試看，不管你吃得再多，吃得再飽，你都不會覺得滿足，甚至還會覺得空虛。事實上，你吃得越飽，你就越會覺得虛空。

所以，你必須聽從身體的需求，要以胃的需求為準，而不是跟隨嘴巴

4 捨

的欲求。就像對飯後的甜點，並不是甜點不好，而是儘管它是美味的，但你已經夠了。

是的，夠了就好，再多來的都是多餘的負擔，不是嗎？

你真的需要那麼多嗎？

不需要的東西，無論價格再便宜都是貴的。

以前的經濟學家總是說「有求必應」—先有需求，再出現供應，這是銷售的基本法則；然而現在的情形正好相反，「有應必求」—先有供應，再出現需求。是的，現在不管你想賣什麼，只要廣告媒體一再鼓吹，只要銷售員一再推銷，很快的「需求」就會出現。

以前的人是物以「惜為貴」，現在的人則是物以「稀為貴」。只要是名牌，只要是限量發行，即使再貴也無所謂，在追求虛華與炫耀的心態

5入

下，消費遂成了一種欲求，而非為了真正的需求。

人們擁有的物質已呈現嚴重的「超載現象」，只要看看所有你累積的東西，它們真的需要嗎？你真的非買不可嗎？或者只是大家都在買，別人都在累積，你也跟著累積？

消費主義瘋狂鼎沸，有房子的就拿房子去抵押，有信用卡的則是先刷了再說，如果能分期付款的那更是二話不說。

套句海明威的話：「有些人誤以為付得起一次分期付款，奢侈品就成了必需品！」更糟的是，用分期付款買東西，往往到付完各期款項的時候，許多人對那件東西已經厭惡了。

大家似乎忘了，當你積欠一筆錢，就等於在逼迫自己用將來的錢償還現在的債務。你現在身上所負的債，不就是這麼來的嗎？

人們常會抱怨自己存不到錢，說是因為薪水太少，這只答對了一半。事實上，每個星期你只上五天班，卻有七天都在花錢，這才是真正的原因。你的收入追不上你的花費，你想要的遠超過你的需要，情況就是這樣。

有句購物警語說得好：「總是買不需要東西的人，不久之後，便會買不起需要的東西。」

我們有必要靜下來好好想想：你真的需要那麼多嗎？記住，不需要的東西，無論價格再便宜都是貴的。

捨 4

那有什麼？

當你擁有越多什麼，你就越覺得沒有什麼。

在黑暗的房間，只要點亮一支燭光，就會讓人感覺燈火通明，但是如果那個房間本來就已經燈火通明，那即使你多點幾支燭光，也無法像先前一樣讓你有「豁然開朗」的感覺。

在飢寒交迫的時候，只要有一顆饅頭，只要有一件溫暖的外套，就能讓人覺得幸福和感激；但是如果不冷不餓呢？那即使給你再多的饅頭和衣服，你也不會有先前的感覺，你甚至還會覺得「那有什麼？」

當我們小的時候，有泡麵可以吃，就覺得很幸福了，但當我們長大之後，即使吃什錦麵也覺得沒什麼；在我們是窮學生的時候，只要到速食店去吃，就覺得很滿意，但當我們賺到錢之後，即使到大餐廳去吃，也能挑三揀四。

胃口越養越大，口味越吃越重；當人把欲望養大了，就很難滿足，要快樂也就更難。給一個月薪二萬的人加薪一萬元，和給一個月薪二十萬的人加薪二萬元，你想誰會比較快樂？一定是那個月薪二萬的人，那個月薪二十萬的人，得到的雖然比較多，但與他原有的相對比，他就會覺得「那沒什麼」。

是的，當你錢越多，那些錢的價值就越少；當你口味越重，那些東西的口感就越差；當你擁有越多什麼，你就越覺得沒有什麼。一個擁有上億元的人，得到百萬元，他的快樂可能還不及一個得到一萬元的工讀生。

你可以試試看，如果你給一個工讀生一萬元獎金，他一定喜上眉梢，樂翻了，但是如果你把這個獎金給一個高收入的人，他可能連眉頭都不皺一下，「就區區的一萬元？」他甚至還會懷疑你是在侮辱他。

一個窮人用幾百塊就能得到的快樂，當他有錢後，可能要花幾萬塊，甚至幾百萬才能得到同等的快樂。這也就是為什麼買第一部 TOYOTA 時的欣喜若狂，下一部車非得買部 LEXUS 才可能得到同樣的快樂。

就像吸毒一樣，總是需要越來越重的劑量，才能達到同樣的興奮效果。

這些年你有沒有發現，你的快樂越來越少，你的人生越來越無趣，這並不是因為你缺少什麼，而是你擁有越來越多，你越來越不容易滿足，你已經燈火通明，即使多點幾支燭光，你也不覺得變亮，情況就是這樣。

那是沒完沒了的

「更多的欲望」只會生出「更多的不滿」，因為欲望的本質就是不滿。

印度有一則寓言：

有一個富翁，他非常成功，並擁有花不完的錢，但卻很不快樂，成天拉長著臉。有一位年輕人每天都會來幫他按摩，他總是很快樂，這一點令富翁想不通。因為這可憐的傢伙每天只有一盧比，雖不至於餓肚子，但也只夠他養家餬口。

「沒道理啊！他為什麼會這麼快樂，總是一張笑臉，而且笑得很開心，還吹笛子，唱歌跳舞？」這個人就住在富翁家附近，房子是由富翁提供給他住的。

富翁問他朋友：「這個人那麼窮，怎麼能夠這麼開心，原因何在？」他的朋友說：「我會給你答案。」當天晚上，這年輕人突然醒了過來，因為有人從屋頂上丟下了一個裝有九十九盧比的袋子，那一天是他最後一天快樂的日子。

從那天起，他開始想：「我要怎麼存錢來讓它變成一百盧比？」他從來不曾為這種事傷腦筋。原本一盧比就夠他過生活了，但現在他想要更多，他想過更好的生活，所以他必須賺更多的錢。但當他有了一百盧比，欲望又跳升了，他期待有二百、三百、四百盧比……累積越多的金錢後，他的欲求就越多，他也變得越不快樂，他一心一意只想到錢。他不再唱歌、不再跳舞、不再吹笛子。

有一天，當他又去幫富翁按摩的時候，富翁問他：「你怎麼啦？發生了什麼事？你看起來不再那麼開心，是發生什麼災難嗎？」

他說：「是的，災難發生了，有人把九十九盧比丟到我家，從那一天起，我就沒有好好睡過覺，因為我想要更多。」

一旦你渴望擁有更多的某些東西，你就越不滿，這東西可以是金錢，可以是情感，可以是名位，「更多的欲望」只會生出「更多的不滿」，因為欲望的本質就是不滿。

欲求不可能被填滿，一開始你想要十萬，當你有了十萬，接下來就會想一百萬，而當你有一百萬，你的欲望又會往上跳，你得到越多，你的欲望就越大，那是沒完沒了的。

2

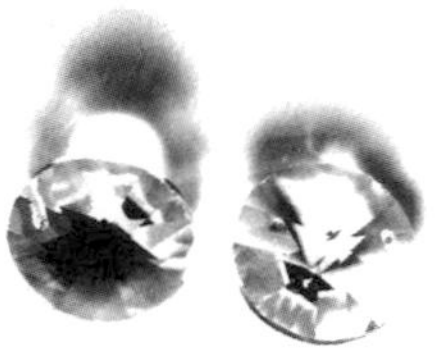

知足是天賦的財富，奢侈是人為的貧窮。

——古希臘哲學家蘇格拉底

People only see what they are prepared to see.

Ralph Waldo Emerson

貧窮的由來

當你對富有的念頭消失，你對貧窮的感覺自然也會慢慢消失。

貧窮是怎麼來的？貧窮的由來是因為欲求富有。

不管你是誰，只要你是處於欲求的心態，貧窮就產生了。

比方，你有一百萬，但是你想要一千萬；你有一千萬，但是你卻渴望一億，那你就是一個窮人。

沒錯，有一千萬並不算窮，但是當你對現狀不滿，而欲求更多時你就是一個窮人。你騎摩托車，卻渴望汽車；你住在公寓，卻渴望別墅；你年薪五十萬，卻渴望一百萬，那你就是貧窮的。你的貧窮並不是因為別人擁有而你沒有，你的貧窮是因為你的心，是你的心貪求更多，所以你會覺得自己窮。

我聽說，有一群長途跋涉的商隊正準備在山谷紮營休息時，忽然所有人都被一道強光所籠罩，天上有一個雄厚低沉的聲音對他們說：「盡你們全力撿拾地上的石頭，把它們放在你們的皮袋裡，明天天亮時，你們將會感到既快樂又悲傷。」

這些人覺得非常疑惑，但是還是撿了幾顆石頭。第二天天亮時，他們發現皮袋裡的每一顆石頭竟然都變成了燦爛繽紛的鑽石。

果然，他們因得到鑽石而高興萬分，卻也因為當初沒有撿更多的石頭而悲傷懊悔。

富有不在於我們擁有很多，而在我們要求很少。西方有句諺語說得好：「依需要而活，沒有人是窮困的，依想要而活，沒有人是富有。」一點都沒錯，如果你想要更多，如果你只看到自己沒有的，你當然會覺得悲傷，覺得不足；反之，如果你能知足，如果你能看到自己擁有的，你就會快樂。

如果你願意放下欲求，放棄想要更多的欲望，那你怎麼可能覺得自己是貧窮的呢？不，當你不再想要這個想要那個，你就不再覺得貧窮。一旦你對富有的欲求消失，你對貧窮的感覺也會完全消失。

一隻胳膊夾不了兩個西瓜

就算你擁有一百張床，你也只能睡一張床

常看到一些小朋友，兩手已經抓滿了糖果，還不斷地吵著要別人手上的餅乾；餐盤內放著一大塊的牛排吃不完，還吵著要吃冰淇淋。

像這種情形，我們也經常在一些三百元、五百元吃到飽的餐廳看到，每個人好像都恨不得自己有兩個胃似的，死命地把食物往嘴巴裡塞。很少人會去想說自己已經吃到了多少，大家都在想還有哪些「還沒有吃到」。

我們很少想到自己擁有的，卻常常看到自己沒有的，那個沒有的就成

5 入

了欲求。你的欲望就是這樣被創造出來的，因為有欲望，所以你必須不斷追趕，你想要多，還想得到更多，因而你一直無法放鬆下來享受。

為什麼要欲求那麼多呢？每個人都只有一個胃，就算你有能力點上一百道菜，但你能吃多少？最多就只能撐飽一個胃，不是嗎？

《呂氏春秋》中提及「啁噍巢於林，不過一枝」，就是給人最好的忠告。鳥類築巢總是喜歡選擇枝葉濃密的地方，但是即使有一整片的密林，牠們也只能夠在一棵樹上棲身。

人不也一樣，即使我們擁有了全世界，我們也只能日食三餐，夜寐一床。即使你擁有「十個窩」，你也只能睡在一個窩裡；就算你擁有一百張床，你也只能睡一張床；就算你擁有一千雙鞋，你一次也只能穿一雙。據說前菲律賓總統馬可仕的夫人是全世界最多鞋子的人。但那又怎麼樣？她也只有一雙腳。

套句土耳其的諺語：「一隻駱駝是夾不了兩個西瓜的。」

人們處處爭名奪利，建屋置產好像能活幾百年似的，事實上不管你擁有多少，到最後你能得到的也只是葬身的一小塊地。

俄國文豪托爾斯泰寫過一篇小說，大意是這樣，有一個大地主為了感謝僕人長年的辛勞，決定送他土地。地主答應他早上日出時騎馬出去，日落回來，能走多大一圈就圈多大的地給他。

這個人很貪心，拼命馳馬，當他想到自己、想到孩子……想得更多，他就覺得這樣還不夠，結果到日落回來，他累得把命都丟了，得到的只有葬身的一小塊地。

4 捨

越多未必越好

樣樣抓，樣樣掉，什麼都想要的結果，反而什麼都得不到。

有兩位相交多年的朋友，結伴到遠地去經商，由於他們要去的地方，一路荒山惡水，時有盜賊出現，因此兩人都各自信奉的神明聖像，戴在身上。

趙員外是虔誠的佛教徒，他信奉觀音菩薩已有多年，這趟出遠門，他特別把一塊用翠玉刻成的觀音聖像，掛在脖子，以保平安。

王員外則是只要是神他都拜，諸如媽祖、城隍爺、土地公、孔子等都是他祈福的對象，甚至連回教的默罕默德、基督教的耶穌，他也禮敬有加。為了周全起見，他把所有的神像都帶在身上。

他們兩人一路餐風露宿，晝行夜伏。有一天下午，他們走到一處山間，放眼看去，荒草漫漫，前不著村，後不著店，烈日當空，兩人無奈只好棲息在一棵大樹下，找出乾糧止飢。

當兩人正津津有味地嚼著大餅時，突然間，從茂密地草叢中竄出一個手提鋼刀的強盜，橫眉豎目地大吼道：「留下你們的買路財，否則別想活命！」說完，伸手便搶兩人的包袱。

兩人一看多日來的辛苦買賣，付諸泡影，於是不顧生命危險，抓住包袱緊緊不放，卻因此惹惱了強盜，揮刀便砍。趙員外只覺眼前白光閃爍，耳邊只聽到「噹啷」一聲，鋼刀結結實實地砍向自己的脖子，人順勢一倒，昏了過去。

過了一個時辰，才悠悠醒來，以為已身首離異，不在人間。低頭一看，脖子上的翠玉觀音被鋼刀劈成了兩半。喔！原來觀音菩薩以身體保護了自己。再回頭看王員外正躺在血泊，原來在激烈的拉扯中，被強盜砍掉了一隻手臂。

只聽到王員外不住地埋怨身上眾神說：「各位神明！祢們實在太不夠意思了！平日我對祢們多麼地尊敬，今天弟子我有難，祢們竟沒有一個挺身相救。人家趙員外只信仰一位觀音菩薩，菩薩就奮不顧身保護他。」

眾神聽到王員外的牢騷不滿，面面相覷，無言以對。最後媽祖終於站出來說話：「王員外！你不要生氣！不是我們眾神明不救你，而是在這麼多的前輩之前，搶先出來搭救你，是非常僭越且不禮貌。當盜賊拿刀要殺你的時候，我們也想推派一位代表出來救你，我們請城隍爺出面，城隍爺就請土地公，土地公推薦孔子，孔子就謙讓給耶穌，耶穌請默罕默德……就在我們彼此舉薦的時候，哪裡曉得你的手臂就被砍下來了！」

越多未必越好。希臘哲學家亞里斯多德說得對：「人生的目的在追求幸福，但不是所有的幸福，都是人生的目的。」許多人就像王員外一樣，總喜歡貪多，這個要，那個也要，結果樣樣抓，樣樣掉，什麼都想要的結果，反而什麼都得不到。

如果你想找到幸福，要記住，那就不要追逐太多的幸福。

有欲求就有痛苦

問題不在如何脫離痛苦，而是在如何放下欲望。

我聽說有個人投資失敗，前去向一個智者訴苦：「唉！白忙一場，結果卻一無所得。」

智者說：「放下來！」

「我已經一無所有，還能放下什麼？」

「放下『所求』！」智者說，「當你說無時，你就有了；當你說一無所得時，其實你已經得到了。」

「得到什麼？」那個人疑惑地問。

「得到失望、沮喪、懊惱、痛苦，不是嗎？」

只要有欲求就有痛苦。你失望、沮喪、恐懼、焦慮、絕望……千萬種痛苦，不都是因為欲求帶來的嗎？

佛陀說：「沒有人能帶給我們痛苦，只有自己給自己痛苦。」人之所以痛苦，在於追求錯誤的東西。只要你還繼續欲求，就繼續在製造更多、更多的痛苦。

所以，如果你是痛苦的，你必須先去了解你欲求什麼？你無法直接摧毀痛苦，你必須先找到它的根，你必須去看痛苦從何而來，失望從何而來，這個水從哪裡冒出來，你必須深入土壤裡面，才能找到整個問題的源頭。

不要老是用「失去多少」或「如何得到更多」來思考，而是想為什麼你會有那麼多欲望？為什麼你會總是想得到更多？

試著了解你想要的是什麼，你的痛苦又是什麼？也許你會發現答案。因為問題不在如何脫離痛苦，而是在如何放下欲望。

如果你的欲望讓你受苦，你要做的，應該是放下欲望而不是設法滿足它們，不是嗎？

無求即常樂

若能少爭一點名、少求一點利，日子可能反而活得更好。

《莊子》有一則故事，你應該也聽過：

有一天，莊子如平常的日子在濮水畔享受垂釣之樂。這時有兩個楚國的大臣奉君之命拜訪莊子。楚國的大臣一看到莊子就說：「我國的國君請你來當宰相，不知意下如何？」

莊子垂著釣，頭也不回地說：「我聽說貴國有一塊死後已三千年，非常靈驗的龜殼。貴國的君上用絹布包著它，慎重的放在箱子裡祭拜。你認為那隻龜是死後接受膜拜比較好，還是活在泥水裡比較好呢？」

「當然是活在泥水裡比較好。」

聽到了這個回答。楚莊子就對國的大臣說：「那麼，你就請便吧！我也喜歡生活在泥水裡。」

人們不斷爭名求利，無非是希望有朝一日能過個「好日子」，卻沒想到若能少爭一點名、少求一點利，日子可能反而活得更好。

我聽說，有一位賢人，過著清貧卻逍遙的生活，住在破屋裡，閒雲野鶴，每天以白飯和青菜果腹。徜徉於山林之間，悠遊自在。

他有一位鄰居，不學無術，卻經常往來於王宮與權貴之家，每天過著錦衣玉食的生活，住的是大宅院，吃的是山珍海味。

有一天，這位鄰居以同情的口吻對賢人說：

「你只要肯多向我學習如何奉承權貴，卑躬屈膝一點，那你就能像我一樣享受榮華富貴，不用過那麼清苦的生活，每天吃這麼糟的食物。」

「照你那麼說，」賢人回答：「你只要肯多向我學習如何以白飯和青菜維生，安貧樂道一點，那你也就能像我一樣，不必去奉承權貴，終日對他們卑躬屈膝。」

無求即常樂。是的，如果願意放下欲求，那種逍遙自在的「好日子」馬上就是你的。

全世界最富有的人

知足第一富，無病第一貴，善友第一親，涅槃第一樂

有一則發人深省的故事：

有一個老人無意間說他是全世界最富有的人。這一番話很快就傳到稅務局長的耳朵，局長立刻派一名稅務員去拜訪他，要詳細估算他財產的總值，以便照章課稅。

稅務員問老人：「聽說您很富有，是嗎？」

老人答道：「不錯，我是一個很富有的人。」

稅務員立刻從口袋掏出一本筆記本，對老人說：「既然如此，我就必須估算您的財產，請問您有哪些財產呢？」

老人說：「我的身體很健康，健康的身體值很多錢。」

稅務員問：「您還有些什麼財產呢？」

老人說：「我有一個賢慧的妻子，好妻子比鑽石還珍貴。」

稅務員問：「恭喜您，您還有沒有別的財產呢？」

老人說：「有，我有幾個健康、孝順的兒女。有這樣的兒女，我覺得我自己很富有。」

稅務員問：「您還有沒有其他的東西呢？」

老人說：「我還有一些不錯的朋友，我還享有自由自在的生活，這些都是非常可貴的資產。」

稅務員問：「那麼，您有沒有銀行存款與房地產呢？」

老人笑道：「沒有，除了前面所說的財產之外，我一無所有。」

稅務員收起筆記簿，對老人說：「您的確是世上最富有的人。您所擁有的財富珍貴極了，既不怕偷，也不怕搶，就連政府也課不到您的稅。」

《涅槃經》說：「知足第一富，無病第一貴，善友第一親，涅槃第一樂。」

希臘哲學家克里安德，見多識廣，博學多聞，當他八十高齡時，有人問他：「誰是世上最富有的人？」他斬釘截鐵地說：「知足的人。」

所謂的富有並非來自擁有現實的財富，而在於你是否擁有一顆滿足的心。

忘了當國王？

擁有多少並不重要，如何真正享用，才是幸福與否的分野。

曾聽過一個「遊樂場」的董事長談到一個很諷刺的事實：這董事長說，他是因為喜歡那種歡樂的氣氛，所以才投資「遊樂場」的。孩子們在他遊樂場中玩得很快樂，但為了管理和處理負債，這「遊樂場」的主人卻過得鬱鬱寡歡。

這的確很諷刺。我也認識一些人，雖擁有豪宅、別墅和高級的裝潢設備，但因事業龐大、工作太忙碌了，以致很少真正去享受，反倒是他們的傭人隨時都在享用他們辛苦付出所得到的成果。事實上，他們的傭人更像是房子的主人。

有一句哲言說得好：「生命中只有兩個目標：其一，追求你所想要的；其二，享受你所追求到的。」如果得到你「所想」的，卻不能為你「所享」，那你所有的努力不是很可笑嗎？

一位朋友，他因喜歡陽明山優美的風景，而在附近買下一筆土地。然而，自從買下土地之後，他的視野被一小塊土地限制住了，成天忙著整理那塊土地，反而無暇欣賞整個大地，他發現自己跟陽明山的美景距離反而變遠。

擁有多少並不重要，如何真正享用，才是幸福與否的分野。想一想，你寧願擁有土地，還是享有風景？你寧願擁有高級的裝潢設備，還是享受它們？你寧願擁有遊樂場，還是享有歡笑？
你是否也是這樣，汲汲營營努力去創造你的王國，卻忘了當國王呢？

5 入

4 捨

讓快樂成為你的標準

沒有快樂，就沒有真正的成功。

你對成功的定義是什麼？在你的生命中，你究竟想要追求什麼？有位先生一直認為必須擁有一棟大別墅，他的人生才算成功，於是除了白天工作外，晚上還兼差，太太把孩子丟給別人照料，自己也加入搶錢的行列。而今他雖然得到房子，但房子裡面的人卻支離破碎；就連健康都賠了。這是成功嗎？

有些人把人生的目標放在某個職位（position）上，有些人放在收入上，用此來衡量自己是否成功，然而因為這種人一心只想要追求更高的職位，更多的收入，很容易患得患失，結果反而帶來痛苦，這是成功嗎？

成功沒有絕對的標準，一個月入三萬，不一定比一個月入三十萬失敗；一個大老闆也不一定比一個小職員成功，只要自己活得快樂，只要自己覺得滿意就好。

成功是一項過程，而非一種實現。我認為真正的成功，是你在努力的過程中到底「快不快樂？」比方，你用不誠實、虛偽或欺騙的方式一時得逞，而獲得金錢，到最後你信用破產，眾叛親離，這便不算成功。你在追求成功的過程是不快樂的，就不能算真正的成功。

為了加班拼業績，不惜犧牲和家人與孩子相處的時間；為了讓家人過更好的生活、讓孩子受更好的教育，結果到頭來反而沒跟家人好好相處，就連孩子也沒教育好；為了拼命賺錢，不惜透支健康；結果把身體拖垮了，再用那些辛苦賺來的錢來治病。像這樣，就算你得到別人眼中的成功，但你真的覺得快樂嗎？

成功沒有絕對的標準，因為成功見仁見智，成功倚賴很多事情；但快樂卻依你而定，所以就讓快樂成為你的標準。

沒錯，沒有快樂，就沒有真正的成功。畢竟，還有什麼比快樂更能定義成功二字呢？

想抓住反而被抓住

在那個拋棄當中，突然間，你變成所有物的主人

我聽說在印度熱帶叢林裡，人們會用一種奇特的方法捕捉猴子：在一個固定的小木盒子裡面裝上猴子愛吃的堅果，盒上開一個小口，剛好夠猴子的前爪伸進去。猴子一旦抓住堅果，爪子就抽不出來了。人們常常用這種方式抓到猴子，因為猴子有一種習性：不肯放下已經到手的東西。

想抓住反而被抓住，這就是捉猴子故事要告訴我們的。你也許會嘲笑猴子愚蠢，但是你是否看到自己？你想抓住你的丈夫、妻子、孩子，想抓

住你的職位，你的金錢，你認為你真的抓住他們嗎？不，其實你才是被抓住的。

這是大家所熟知的故事，有一個老先生非常喜歡吃糖，又怕被別人偷吃，所以，就把糖果放在隱密的瓦罐裡，這樣一來，別人就看不到他的糖果了。

有一天，女兒在忙著工作，突然聽到父親數聲驚叫，連忙奔去察看……

「我的手，我的手！」

「你的手怎麼啦？」女兒急問。

「我的手塞在瓶子裡，拔不出來了！」

女兒一看，雙手握住瓶身，使出全身力量，要幫父親把手拔出來，但無論怎麼用力，那隻手就好像植根大地的樹木，怎麼也動彈不得。最後只好找了塊磚頭，朝著瓦罐那圓鼓鼓的腹身敲下，「噹啷」一聲，瓦罐應聲破成數片，露出老先生滿抓一把糖果的瘦手，堵在窄窄的瓶頸裡，硬是無法抽出。

這老先生是抓住糖果嗎？不，他是被糖果抓住了。

如果你抓住你的所有物，那麼那是你的所有物在擁有你；除非你能夠拋棄，你才可能超越你的所有物，就在那個拋棄當中，突然間，你變成所有物的主人，如果你能分享你的所有物，你才是真正的擁有者。

捨 4

窮！不是很好嗎？

自由與否，不在於「隨心所欲」，而在於能否時時「順心如意」。

人們想要擁有更多更多的錢，如果你深入了解，他們想得到的並不是金錢，而是自由。錢能讓人享受自由——可以買各種款式的衣服、可以品嘗各式各樣的美食、可以換部想要的車、可以擁有喜歡的別墅，可以擁有這個、擁有那個，可以擁有更多選擇的自由。所以，錢自然越多越好，這樣就可以「隨心所欲」。

然而，真實的情況是這樣嗎？如果你再深入探究，答案卻非如此。我們所累積的金錢除了滿足個人的欲望外，並無法擴展個人的自由。說得更明白一點，多餘的錢，也只能買多餘的東西，製造多餘的負擔，最後甚至限制了個人的自由。

一棟房子是一分負擔，房子要清潔打掃，汽車也必須保養維修；滿櫥的衣服也需要整理熨燙，這難道不是負擔嗎？

許多人害怕外出渡假，因為所有的家當丟在家中無人照料；買了一輛進口新車，也不敢將車停在人來人往的街上，或距離自己太遠的地方，因為害怕車子被k到或被偷走。想想，這還算自由嗎？

如果你在郊區購買一間別墅，好讓親友們知道你成功而富有，那麼你除了要擔心搶匪、小偷外，還要擔心土石流。如此一來，你的享受就顯得微不足道了。

如果你的房子還有庭院，水池，甚至游泳池，你就必須更費心了，除了要花更多的時間整理打掃，修剪雜草、處理落葉，還要經常換水，防蟲除蚊，以免「登革熱」造訪。這時，你還有什麼值得驕傲的呢？

有位教授曾在半年內遭竊三次，之後他說：「我們怕被偷、被搶，直到一些值錢的東西越來越少，我才領悟，家徒四壁已無可偷，反倒自由自在，無牽無掛。」

是的，一個人自由與否，不在於「隨心所欲」，而在於能否時時「順心如意」，套句莎士比亞的話：「窮！不是很好嗎？因為沒有人會去偷你。」這樣的自由，是有錢人永遠都享受不到的。

看似擁有，其實是負擔

拋棄的東西越多，你就越輕盈，當你擁有的越少，你就越輕鬆自在。

你每天背著一個好大的包袱，壓得自己喘不過氣，你曾打開來看看嗎？

我聽說有位中年人覺得自己的日子過得非常沉重，生活壓力太大，想要尋求解脫的方法，因此去向一位禪師求教。

禪師給了他一個簍子要他背在肩上，指著前方一條坎坷的道路說：「每當你向前走一步，就彎下腰來撿一顆石子放在簍子裡，然後看看有什麼感受。」

中年人就照著禪師的指示去做，他背上的簍子裝滿石頭後，禪師問他這一路走來有什麼感受。

他回答說：「感到越來越沉重。」

禪師於是說：「每一個人來到這個世界上時，都背負著一個空簍子。我們每往前走一步就會從這個世界上撿一樣東西放進去，因此才會有越走越累的感慨。」

中年人又問：「那麼有什麼方法可以減輕人生的重負呢？」

禪師反問他說：「你是否願意將名聲、財富、家庭、事業、親友拿出來捨棄呢？」

那人答不出來。禪師又說：「每個人的簍子裡所裝的，都是自己從這個世上尋求來的東西，一旦擁有，就對它負有責任。」

沒錯，那些我們看似擁有的，其實是負擔。他說得對，如果你深入去看，你將發現任何你所擁有的，也是你必須擔負起責任的；你擁有越多，那個擔子就越重。

很多人與其說他們不知道自己「想要」什麼，不如說是不知道自己該「放棄」什麼。生命的過程就如同一次旅行，如果你要長途跋涉，你就必須攜帶很少的東西，如果你想爬高，你就必須卸下一些東西；如果你只知道「撿取」而不懂得「割捨」，負擔當然會越來越重。

去看看你的「包袱」，看看你的背上扛了多少是不必要的負擔？那些東西真的值得你一直背負嗎？

清朝著名的布袋和尚，他有一首偈：「來也布袋，去也布袋，何其自在。」是的，你必須學著拋棄，當你拋棄的東西越多，你就越輕盈，當你擁有的越少，你就越輕鬆自在。

不以物喜，不以己悲

我們要放下的是執著，而不是執著於放下。

談到放下執著，人們常會誤解，以為放下執著就是要放下擁有的一切，事實上並不是這樣，放下執著並不是針對我們所擁有的東西，而是針對我們對擁有東西所抱持的態度。

舉例來說：你可以擁有財富，想賺錢並沒有錯；但是如果你覺得若沒有賺到那筆錢，或是失去那個財富你就痛心疾首，那就是執著。

你可以擁有某個人或某件東西，但是如果你覺得非得到不可，若沒有

5
入

得到或是失去你就痛不欲生，那就是執著。

換句話說，我們要放下的是執著，而不是執著於放下。

事實上，當你執著的時候，執著本身就是問題，問題不在於你執著於什麼。不管是錢財、名位、感情、欲望這些原本都沒有什麼不好，不是錢財讓你貪婪，不是名位讓你墮落，不是感情讓你瘋狂，不是欲望讓你痛苦，真正的原因是執著。是的，是執著，是你執著於錢財名位，是你執著於那個人、那個東西，才讓你痛苦。

一旦你執著於某樣東西，你就變成那樣東西的奴隸，你的喜、怒、哀、樂都會受制於它們。因為執著，所以得不到就會痛苦；因為執著，所以得到以後，又害怕失去，得失之間，心豈能安？

很喜歡范仲淹的一句話：「不以物喜，不以己悲。」一個懂得放下的人，就是懂得接受「那個已經是的」，他不會去抗拒，不會去執著，不會刻意強求「那個不是的」，因此也切斷了所有痛苦的根。

放下是不依戀，而不是排除它。我們可以家財萬貫，卻不依戀財富，也可以家徒四壁，卻執著於財富。重要的是不執著，一旦你願意放下所執，所有的問題也就消失不見。

平靜喜樂的祕密

對一個兩手空空的乞丐來說，雖然什麼都沒有，但也等於擁有全世界。

就在幾天前，我讀到一則故事：

有一個國王，有一天突然覺得生活無聊極了。他雖然擁有整個王國，但是內心卻感到不平靜，不知為何總是悶悶不樂。於是，他開始遍訪明師，希望有人能指引他得到平靜與喜樂。

國王每天都會走出皇宮，四處去拜訪，然而遺憾的是，他所遇到的人一知道他是國王，立刻就失去原本的平靜與喜樂。

在國王每天出城的路邊，經常有一位隱士坐在樹下，這個人衣衫襤褸，看起來就像個乞丐，但是他的臉上卻始終的顯露出一種祥和的笑容。起先，國王並沒有注意到他，直到拜訪過大部分聖哲之後，國王不免心頭一驚：「這個人怎麼能一直保持那樣的祥和，看來這正是我要找的人。」

國王被他的平靜和深邃的微笑所折服，便翻身下馬，向那個人說：「我正在尋找一個老師，你願意來當國王的老師嗎？」

那個人說：「如果你願意遵守當學生的禮儀，我可以答應當你的老師。」

國王非常高興，就把馬讓給他騎，一路載進皇宮。國王想：「我堂堂一個國王，怎麼可以有一個像乞丐的老師？」於是，他為老師準備了最華麗的衣服和最美味的食物，他也為老師準備一個美輪美奂的宮殿，宮殿裡應有盡有。他盡力奉承老師，希望很快得到平靜與喜樂的祕方。

奇怪的是，不管國王準備了多麼好的東西給老師，老師都是盡情享用，從不拒絕，但他從沒有教導國王任何事情，就像從前坐在樹下一樣，他終日微笑，臉上流露出祥和與平靜。

幾個月就這樣過去了，國王認為自己上當了，他心想：「那傢伙一定是偽裝出來的，現在他和我有什麼兩樣？他哪有什麼平靜與喜樂的祕方？他只是不言不語，保持微笑，街上的傻瓜不也是這樣嗎？」

於是，在一個夜黑人靜的時候，國王親自帶了幾名衛士，把老師帶往邊境，一路上，那個老師還是一樣的平靜和微笑。

在到邊境的時候，國王忍不住說：「從前，你坐在樹下，穿著破的衣服，我認為你是一個得道的聖人，聖人應該是與常人不同的。後來，你住在皇宮，和我一樣過著奢華的生活，在你離開之前，可不可以回答我：你和我之間有什麼不同？你有什麼平靜與喜樂的祕方？」

那個人默不作聲，只是微笑，繼續前進。當走到了國境線時，那個人說：「這是你的馬，這是你的衣服，還給你，我要走了。這就是我和你的不同，你擁有一個王國，你會死守你的王國，而我沒有王國，我到任何地方，那個地方就是我的王國，我住在樹林裡的時候，樹林就是我的王國，我住在你的皇宮，你的皇宮就是我的王國，樹林和皇宮對我沒有任何差別，我的內心完全自由，這就是我一直平靜和喜樂的祕密。」老師說完後，繼續往前走去，隱沒在樹林之中。

享有與你是否擁有無關，對一個兩手空空的乞丐來說，雖然什麼都沒有，但也等於擁有全世界。

3

Life's tragedy is that we get old to soon and wise too late.

Benjamin Franklin

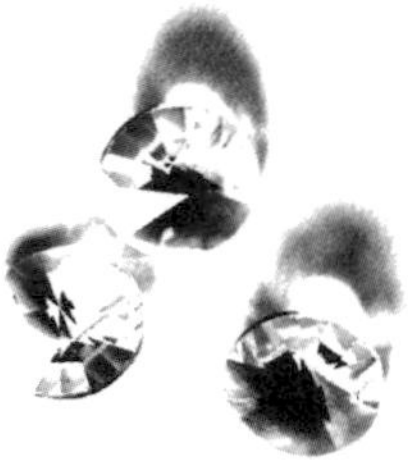

冬天已經到了，春天還會遠嗎？

——英國詩人雪萊

4 捨

098

東西不必在我

所有你擁有的一切，總有一天都會離開你，所以何必執著於我呢？

愛斯基摩人有一項傳統，一項已經流傳久遠的傳統，在每年的第一天，每一個家庭都要檢查他們的房子，看看有什麼東西是不需要的，什麼東西是需要的，他們會把東西都分類好，然後只留下有需要的，至於那些不需要的東西都當作是禮物送給別人。

他們認為「東西不必在我」，由於沒有任何多餘不需要的東西，他們房子雖小，卻非常開闊。他們擁有全世界最乾淨的房子。

在報紙上，也曾讀到的一則報導，內容是這樣：

前司法院長施啟揚和李鍾桂夫婦義賣家中物品，吸引了近一萬人前往，所得的錢將做為真善美基金會推廣公益活動。

義賣活動中，有些民眾挖到的寶，連李鍾桂自己也吃一驚，例如遺失已久一直找不到的「鐘桂方塊集」。還有一位老先生看上一根枴杖，拿了就跑，「沒關係，只要他喜歡就好，」李鍾桂表示，「小心不要摔跤了。」

看到家中物品拍賣的結果，李鍾桂笑言「東西不必在我」。她說，自己沒有這麼多地方保存這麼多東西，別人能珍惜、喜歡它們，「就等於我擁有一樣。」

「東西不必在我」，多麼豁達的一句話啊！

4 捨

我聽說老畫家劉其偉從前有藏書癖，常想盡辦法蒐集難得、罕見之書。一夜，他從夢中醒來，忽覺四壁的書和自己一點關係都沒有，那些書，原本就不是他的！劉老從此不當書奴、為書所累了！

事實上，每一個人來到這個世界的時候，本來就一無所有，走的時候也什麼都帶不走，所有你擁有的一切，總有一天都會離開你，只是時間早晚的問題，所以何必執著於我呢？

你真好，願意給我

如果你真的懂得欣賞，那又何必非得要占有呢？

你買最漂亮的衣服，自己卻看不到，衣服穿在別人身上，你才能欣賞。

對面的房子比你的美，沒什麼好羨慕，因為你只要打開門窗就能欣賞，住在那房子裡面的人反而看不到。

人們花了錢、花了時間去擁有，卻還不見得真的享受，然而只要你懂得欣賞，你就能享受。

百貨公司的珠寶鑽石你買不起，也沒關係，你一樣可以欣賞啊！有專人會幫你保管，而且樣式應有盡有，又不用擔心被偷被搶，那不是很好嗎？為什麼非要「占有」不可？

占有不如享有。我聽說有個富翁向智慧大師炫耀他的寶石。他拿著寶石在大師面前晃啊晃：「看出來了嗎？這寶石可是價值連城。」

大師說：「你真好，願意給我。」

富翁急著說：「我有說要給你嗎？」

大師回答：「你不是已經給我看了，那就算是給我了啦！寶石除了看看以外，還有什麼作用呢？」

哲學家艾伯特・胡巴特說得好：「我寧可有能力欣賞我無法擁有的東西，也不願擁有我沒有能力欣賞的東西。」

重要的是學會欣賞，而不是要占為己有。不管你擁有什麼，除非你懂得欣賞，否則得到了又有什麼用？

反之，如果你真的懂得欣賞，那又何必非得要占有呢？

5

入

占有就是被占有

愛不是占有，去歡慶而不去占有，然後你的著魔就會自動消失。

你愛什麼，你就想去占有它，然而當你想占有，你反讓自己被占據。如果你很愛錢，你的存在就會被賺錢所占據；如果你很愛權力，你的存在就會被權力、地位所占據；你會汲汲營營，你會滿腦子都是這些，當你愛什麼，你就會被什麼所占據。

所謂著魔（obsession）就是這樣，你太沉溺於某個事物，就像被催眠一樣，生活中其他的事物全然消失不見，就只剩下一件事留下來，那就是著魔。

有些人只想著性，一天二十四小時只想著性，他可能在開車、可能在吃飯，或是做著別的事，但腦中還是想著性，這就是對性著魔。

有些人只想著錢，整天腦子所想、行為所做、嘴巴所說的，都是錢、錢、錢，他可能在渡假，可能在洗澡，但是滿腦子想的都是錢，這就是對錢著魔。

我並不是反對性或反對錢，不，我不反對任何事情。我反對的是著魔，著魔意謂著那件事已成了你生命的全部，意謂著那件事已取代所有的事情，意謂著你已經被占據，我反對的是這個，不管你著魔的是什麼。

一枚硬幣，如果你把它擺得太近，它會遮蔽所有的視野；一片葉子，如果太近去看，也會遮住整個森林。

生命是多元多采的，沒有任何一件事可以占有你生命的全部。因此，我要提醒大家，去慶祝生命。如果你知道如何享受生命，享受陽光、星辰、月亮、群山、野鳥，如果你知道如何享受友誼、親情、關愛、付出，你就不會著魔，你就不會一直想著錢、想著性，我們之所以會一直想著性，是因為我們忘記了愛的語言，性才會變成你的全部；我們之所以會一直想著錢，是因為我們忘記了慶祝的語言，金錢才會變成你的所有。

占有就是被占有者，你的占有物就是你的主人，你是一個奴隸。如果你占有欲太強，你會受很多苦，每個欲望都會盤據你的心頭，如果你不懂得放下，你遲早會瘋掉。

當然，不占有並不是不能擁有，這點必須加以了解。你也許沒有擁有任何東西，但你有占有心，那個占有的心就會給你帶來痛苦；反之，你可以擁有很多東西，卻沒有占有心；你也可以擁有任何東西，但你並不執著。如果是這樣，那你才是真正的主人。

愛不是占有，去歡慶而不去占有，然後你的著魔就會自動消失。

4 捨

都是那條纏腰布惹的禍！

所有必要的事物都是簡單的，而複雜的東西都是不必要的。

在印度，有一則有趣的故事：

有位隱者聽了師父的指示，在人跡罕至的地方，搭蓋了一間小茅棚住了下來。他在茅棚裡開始做靈性的修練。每天早晨沐浴之後，他就把濕衣服、纏腰布掛在茅棚邊的樹上曬乾。

有一天，他到附近村子乞食回來，發現他的纏腰布給老鼠咬了好幾處破洞。第二天，他不得不到村裡向人要了一條新的。過了幾天，隱者把纏腰布鋪在屋頂上曬乾，如往常般一樣到村子裡乞食，回來又發現老鼠把他的纏腰布咬得稀爛。

「我要到哪兒去找纏腰布呢？」他為此十分苦惱。

隔天他見了村人，又將老鼠咬碎他腰布的事訴說了一遍。村人聽了，便說：「誰會每天都給你布呢？你只要做一件事—養一隻貓就行了。貓能防老鼠。」

隱者於是在村裡找了一隻貓帶回茅棚裡，老鼠就不敢再做怪了。他非常高興，每天細心照料這隻有用的貓，並向村民討些牛奶來餵牠。

過了幾天，有個村民對他說：「隱者先生，你每天要牛奶，光靠乞討也不是辦法，誰會每天都給你牛奶呢？你只要做一件事——養一頭牛就行了。有了牛，你就有足夠的牛奶喝，同時你也能餵養你的貓。」

過了幾天，隱者買了一頭乳牛，但是他沒有稻草可以餵食，於是他又跟附近的村民要，村民告訴他說：「你棚子邊空著許多土地，只要去開墾，你就不必老是向別人要稻草了。」

聽了這個建議，隱者便犁起田來了。慢慢地，他不得不雇些工人。後來他又認為有必要建一座穀倉來儲藏穀物。最後他竟成了地主，而且娶妻生子，有如平常人一般每天過著忙碌的生活。

過了些時候，他的師父來看他。師父發現到處都是雜物家具，困惑地向一個僕人問道：「以前有個修道的人在這兒搭了茅棚住著，現在搬到哪兒去了？」

僕人不知道該如何回答才好。師父便逕自走進屋裡，看見他的弟子正在數錢計息。

師父問道：「徒兒，這一切，到底是怎麼回事？」

弟子羞愧得跪拜在師父的腳前，答道：「師父啊，這一切都是那條纏腰布惹的禍！」

所有必要的事物都是簡單的，而複雜的東西都是不必要的。如果你想過簡單的生活，記住，就是去做對你來說很簡單的事，而不要做那些不必要的事。

《湖濱散記》作者梭羅說得對，若要脫離瑣事，並不表示一定要活得像個隱士，而是要懂得簡化生活。他一再強調「簡單」這個字眼，就是提醒大家不要把生活搞得太複雜。

當生活簡簡單單、需求簡簡單單、麻煩自然也就簡簡單單。

4 捨

112

對死亡的遺忘

如果你連生命都無法掌控，為什麼要掌控那麼多雞毛蒜皮的小事？

如果突然你知道今天就要死掉了，你會怎麼樣呢？你還會想買新車或換房子嗎？你還對金錢感興趣嗎？你還會去掛念誰占了你便宜，誰對不起你嗎？突然間，你對錢、對東西的渴望會立刻消失，如果這是你的最後一天，你絕不會把它浪費在爭論或追求更多的東西，因為你已經沒有未來。

你曾經堆砌起一座又一座沙的城堡，你為它與人爭論、起衝突，「這是我的，那是你的！」你的財產、事業、名位種種的事情全都變得不重要了。這時候，你發現一切不過是一場夢，你正從夢中清醒過來。若到頭來是一場空，那人生又有什麼好執著呢？

換句話說，人會執著是基於對死亡的遺忘。你並沒有意識到，你還在昏睡，你以為生命還會一直持續著，這就是你執著的原因。

事實上，死亡並不像我們想像中那麼遙遠，死亡並不是到最後才發生，它已經發生，只是不知道是哪一天，用什麼方式找上我們。

翻開報紙或打開電視，你會發現到處都有死亡的消息，請問這些因意外而死的人，他們在早上出門前可曾想過自己就這麼走了？他們可曾預期到，原本平凡無奇的日子，竟會發生這樣的災難？

但它畢竟還是發生了，你能拿死亡怎麼樣？你的執著只會徒增放下的痛苦而已，但你終究還是必須放下，不是嗎？

想一想，如果你連生命都無法掌控，為什麼要掌控那麼多雞毛蒜皮的小事？房子在你的名下或是他的名下又有什麼差別嗎？錢是在你的皮夾或是在他的皮夾裡又有什麼差異嗎？就連自己的身體都帶不走，有什麼好執著的呢？

屋頂上找馬

紫禁宮殿仍輝煌，但歷代的君王，現在又在哪裡呢？

從前有一個大地主，他擁有像皇宮一樣大的宅院，有一天晚上他聽到屋頂上有一些聲音，有人在那裡走路，他立刻走到門外問說：「是誰在那裡？」

那個人說：「不要吵，我的馬不見了，我在尋找牠。」他的馬在屋頂掉了！

「荒唐！」大地主笑說：「你鐵定是個瘋子，馬怎麼可能跑到屋頂上，還不快下來！」

大地主回到房裡後，他心想：「這個人是誰？他是真的來找馬嗎？還是另有圖謀？或是他想暗示我什麼？」他整夜輾轉難眠，想找到這個人問問。

到了第二天，門口出現了一個托缽僧，他告訴門衛：「讓我進去，我想住在這家旅館幾天。」

那個門衛說：「這不是一家旅館，這是私人宅院。」

但是那個托缽僧說：「我知道得很清楚，這是一家旅館，有很多旅行的人進來，停留之後又出去，沒有人是一直都住在這裡的，所以快讓我進去，我想見見你們負責管理的人。」

這些話傳到地主的耳朵裡，於是他就派人將那個托缽僧找來。大地主非常生氣，他說：「你在說什麼？什麼管理的人？這個宅院是我的，我是這宅院的主人。」

那個人說：「這宅院是你嗎？我想你搞錯了。我從前來過，但是那時是另一個人在管理，他跟你一樣，也非常自以為是，他認為這是他的，而現在你認為這是你的！」

大地主說：「請你注意你的措辭，你說的那個人是我的父親，現在他死了。」

那托缽僧說：「我要告訴你，我會再來，而我將會發現你不在這裡，有別人會在這裡，他或許是你兒子，或許是其他人，他們會跟你一樣說：『這是我的！』這土地和房子有誰是真正的主人嗎？沒有，人們只是來來去去，所以我說它是旅館，難道不是嗎？」

大地主若有所悟，他突然睜大眼睛說，「我想起來了！你就是那個在屋頂上找馬的那個瘋子！」

那個托缽僧說：「是的，我就是那個瘋子，你也是。如果你在財富裡面找尋自己，你就是在屋頂上找馬，那的確是瘋了！」

就在你住的地方，那塊土地至少曾經有過許多地主，而他們也像你一樣，以為那土地是他的，現在他早已不存在了，但土地卻仍在那裡。他們曾經在爭鬥，就為了一小塊土地在爭鬥，而今呢？爭鬥的人早已離世，但土地一手轉過一手，卻從沒有人能帶走它。

所有的人都只是來來去去，沒有人是永遠的主人。紫禁宮殿仍輝煌，但歷代的君王，現在又在哪裡呢？

没有什麼是你的

你只有使用權，而没有所有權。

我們都只是過客而已，在這個世界上，没有人能真正擁有任何東西，你的房子、土地、黃金、鑽石……都只是借你暫用的，你只有使用權，而没有所有權。

你或許覺得疑惑：「這黃金鑽石是我買的，我當然擁有它。」

但你真的擁有嗎？不，當你還没擁有之前，那些東西早就已經存在了，它由別人所擁有，當有一天你不在了，但那些東西還會在這裡，而將

5 入

會有別人擁有它。

有人或許會不服氣：「那塊土地我有它的權狀，我當然是它的所有權人。」不，我說過了，你只有使用權，而沒有所有權，這跟權狀無關。因為在你擁有之前，那土地早就在這裡了，有一天你將不會在這裡，就連發給你權狀的人都可能不在，但是土地還會繼續在這裡，你怎麼能說它是你所有呢？

所以別聲稱說，那是「我的」。沒有什麼是你的，你的財產、你最喜歡、最愛的這個那個……你什麼也帶不走，所有的一切在你離開時，你都得放掉。

如果你是有智慧的，你是有所領悟的人，你會分享，你會給予，你不會吝嗇，你不會占有，在這個世界上，你能占有什麼？世界存在的時候，你還沒存在，等你不在，世界依舊還在，你要如何占有？你怎麼能宣稱「我是所有人」？離開世界的時候，你能帶走任何東西嗎？

你就像住在飯店的旅客一樣，可以使用所有的設施，但什麼都不能帶走。為什麼不盡情地享用，去分享你所有的一切，你有什麼可以失去的嗎？這些遲早要交給別人，在那之前，何不先分享給大家？既然你只有使用權，那你何不趁著被拿走之前，好好地享用？

無所得，無所失

一個從來沒有過的東西，也就永遠不會失去。

人們常會為了失去而悲傷，卻很少想過，如果沒有擁有，又何來失去？你只能失去你擁有的東西，不是嗎？除非你什麼都沒有，你從未因得到而快樂，那也就不會因失去而悲傷。

反之，在你得到的時候，在你快樂的同時，悲傷其實早已在那裡等你。

有得必有失，得失是相對的。如果你期待某件東西，而你得到了，那是一種快樂。然而相對地，當你失去的時候也會感受到等量的悲傷。

你談戀愛了，你覺得非常快樂，當有一天失戀了，你就會覺得非常悲傷；你得到你要的東西，你覺得很快樂，當有一天失去了，你就會覺得很悲傷；你曾經有多少快樂，當你失去就會有多少悲傷。

換句話說，快樂越多，傷悲也越多；得到越多的人，失去也越多。

失去是必然的結果，不管你得到什麼，失去是早已經注定的。因為所有東西都屬於「得」與「失」的過程，所有事件都屬於「來」與「去」的向度，死亡是這個過程和向度中必然的結果。

因此與其把注意放在「如何得到」，不如把注意放在如何「接受失去」，這點非常重要，要先接受失去，先學會接受沒有，那麼當你一無所得，也就一無所失。

4 捨

我聽說在一次颱風淹水，有個乞丐父親和兒子看見這樁天災。

「爸爸，很多房子都被水淹了！」

「嗯，不單是房屋，裝潢、衣服、車子都泡湯了。」

「還好，我們沒有房子，也沒有東西，不必為水操心，也不會蒙受損失。」

是的，無所得，也就無所失。一個從來沒有過的東西，也就永遠不會失去。

那時你已經沒有知覺了

如果你已經先捨棄所有的東西，那還有什麼東西會被死亡拿走呢？

死亡本身並不會有絲毫的痛苦，少了肉身的束縛，反而是愉快舒服的經驗，人們之所以把死亡弄得如此的痛苦難過，那是因為牽掛和想抓住的東西太多了，既不得不走又捨不得離開，既不得不放又捨不得放手，這種對關係的執著，對肉體和外物的執著，即是整個痛苦的根源。

我們放不下我們的孩子，放不下丈夫、妻子，放不下房子、錢財、事業，放不下握在手中的一切。就像莎士比亞有一首十四行詩說的：「我因擁有害怕失去的東西而哭泣。」

如果你願意放下，那麼死亡又能讓你失去什麼呢？如果你不執著於任何東西，不執著財產、事業、感情……不執著於身體，那麼死亡又能帶走什麼呢？

莊子即將要過世，他的弟子們開始計畫一個盛大的葬禮。

莊子聽到之後說：「天空和土地是我的棺；太陽、月亮和星星是我的華麗葬服；萬物護送我到墳墓，這已經是最莊嚴隆重的葬禮了，你們還準備什麼呢？」

莊子要求弟子不要埋葬他，但是弟子不聽，他們提出異議，說他會遭野獸和鳥類噬食。

「那麼你們就把木棒放在我身邊，讓我趕走牠們。」莊子說。

「你怎麼可能做得到呢？那時你已經沒有知覺了。」

「既然如此，就算被飛禽走獸噬食也就不要緊了，不是嗎？」

如果你無法保護生命，你又如何能夠保護死亡？當死亡在的時候，你就不在了，所以在死亡把你帶走之前，你最好先把自己帶走，這樣的話，你在死亡的時候就不會有痛苦。如果你已經先捨棄所有的東西，那還有什麼東西會被死亡拿走呢？

4
捨

更大的乞丐

欲求是一種乞討，只要你是欲求的，你就是一個乞丐。

從前有一個開悟的先知，他住在一個貧窮的小村落。那個國家的國王是先知的門徒之一，他經常微服私訪先知。

有一次，當那裡的村民知道國王經常來找先知，村民們聚集起來告訴先知說：「國王是你的門徒，你可以為我們要一些東西，我們村子至少需要一所學校和一家醫院，只要你開口，國王一定會答應你的。」

村民們都很窮，沒有受過教育，當地也沒有醫院，所以先知說：

「好，既然大家有這個需要，我就去試試看。」因此他就去找國王。

當他到了皇宮，每個人都知道國王是他的門徒，所以他立刻被允許進入。到了裡面，他發現國王正在祈禱，所以先知就停下腳步。

國王並不知道先知就站在他的後面，他繼續在祈禱著，在結束的時候國王說：「全能的神，乞求你給我更多的財富，使我的帝國變得更大。」

先知在聽完之後就走開了。當國王結束了他的祈禱，他向後看，先知正在下樓梯，他吃驚地喊著：「你來找我有什麼事嗎？你為什麼要離開？」

先知說：「我要來見國王，但是我發覺在這裡的也是一個乞丐，所以我要離開，如果你也是在對神乞求，那我為什麼不直接向祂乞求，為什麼要有一個仲介者？我原以為你是一個國王，但是我錯了。」

欲求是一種乞討，你或許很有錢，但是你是欲求的，你就是一個乞丐；你或許是一個國王，那並沒有什麼差別，如果你還在欲求，那你就是匱乏的，你只是一個更大的乞丐而已。

可以滿足別人的需求，自己卻一無所求，那才是富有的國王。

真正的國王

一個乞丐可能是國王，一個國王也可能是乞丐，不要被外表騙了。

生命是很奇怪的，有時候國王是乞丐，乞丐是國王，不要光看外表，要向內看。

佛陀到處弘法，這天他來到另一個國度，那裡的國王有點遲疑，不知道要不要去迎接他。

「您當然要去迎接，」宰相說：「如果你不去迎接，就接受我的辭職吧，我無法再為你效力了。」

國王說：「為什麼呢？為什麼你要這麼堅持？為什麼非要我去迎接？他看起來就像乞丐一樣。」

老宰相說：「他並不是乞丐，他是國王。你也許擁有整個王國，但你不可能比佛陀更偉大，因他已經把王國都拋棄了。你仍然執著於財產、聲望和權力，但他已經拋棄這一切，如果你不願去迎接他，我也不想再為你效力了。」

國王雖然心不甘情不願，但因為他非常倚重這位宰相，所以只好去了。當他見到佛陀後，他向老宰相頂禮，說：「你說得沒錯，他是國王，而我才是乞丐。」

當你的心是執著的，當你是占有的，你就是乞丐；反之，當你放下執著，當放棄占有，你就是國王。

佛陀在二十九歲那年就放下了一切。他是一位王子，命中注定要成為印度的國王，但當他看出世事皆空之後，他放棄俗世轉而追求真理，他放棄外在的享樂轉而追求內在的喜樂，他放棄所有財富權位、放棄王位，他成了一個真正的國王……那也就是為什麼耶穌說：「最貧窮的人會變成為富有的人。」

有一則寓意深遠的故事……有人告訴一位不快樂的國王：「你要找到世上最快樂的人，然後穿上他的襯衫，你就會快樂。」

後來，國王終於找到了世上最快樂的人，可是他卻窮得連一件襯衫都沒有。

看到沒？一個乞丐可能是國王，一個國王也可能是乞丐，不要被外表騙了，真正的國王可能窮得連一件襯衫都沒有。

拾肆

沒什麼好爭的

不同的人從不同的地方來，最後都走向同樣的地方。

有兩支軍隊正在河的對岸對峙著，這是兩個相鄰的王國，以河為界限，為了河是屬於哪個王國的，他們已經對打了好幾世代，因為兩國都想占有這條河，他們興起了多次戰爭，血染成河，至今仍相持不下。

這一天，他們都獲知佛陀來到這裡，準備紮營在河邊，於是兩國的將領都前來請益，巧的是他們在同一時間各自進入佛陀的營地，見到了對方。他們被這奇怪的巧合愣住了，可是已無路可退。

佛陀說：「不要介意，你們能夠看見彼此是好的，你們兩個人都瞎了，你們的祖先也是瞎了；你們沒有看見嗎？這條河水一直流動著，幾百年來，這河水一直都是那麼充沛，你們何必去爭奪？為什麼要去殺人而污染整個河水？」

「你們並不需要占據這條河，所有的河流最終都會流向大海，誰能夠真正的占據呢？你們只要一人使用一邊，那就沒有問題了，不是嗎？甚至無須在河中間畫一條線，你要怎麼畫？那是不可能的，你是無法在水中畫線的，你們如果懂得分享，而不是只想占有，那一切不是很好嗎？」

是的，你需要把河水占領下來，才能灌溉農田嗎？你不一定要擁有太陽，才能享有它的光彩；不一定要擁有夜空，才能欣賞燦爛星辰，不是嗎？

4 捨

不論你從河中提出多少水，它並不會減少，為什麼要占為己有？為什麼一定把它們裝入你的容器？何不讓死水繼續流動，那不是很好嗎？

站在河岸的一邊，你我是分開的，但是到了目的地，到了最終，既沒有你，也沒有我。當你想通了，你就會明白，人生的許許多多事，其實沒什麼好爭的。不同的人從不同的地方來，最後都走向同樣的地方。

還活著的時候就給吧！

要活得很豐富，而不是在死的時候成為一個很富有的人，

約旦河流經兩個海，一個名為加里利海。在整個河岸樹林茂密，人們在此築屋，鳥兒在其間築巢，水裡面有魚和各式各樣的生物，顯得生機盎然。

約旦河向南到蘇敦（sodom）流入另一個海，整個情況就大不同，那裡沒有悅耳的鳥鳴和孩子的歡笑聲，沒有任何魚類，就連生物都無法生存，這就是死海。

這兩個海都來自同一個源頭，但為何會有如此的不同？原因就出在，加里利海有個出口，它從約旦河接受多少的水，就會從出口流出；而死海卻是只進不出，名副其實的死靜不動。

富裕（affluence）這個字有豐富的意思，它的字根，affluere，意思即是「流向」，「充沛地流動」，也就是說生命必須流通才會豐富，財富必須流通才能富裕。

豐富與富有，這是完全不同的兩回事，並不是富有就豐富，這點常被搞混。有錢人很可能是最貧乏的，如果你一毛不拔，只拿不給，那你怎麼可能是豐富的呢？

豐富跟錢財的多寡無關。有位鉅富，向以吝嗇而遠近馳名。當地人看見他，都投以鄙視眼光。有一天，他問朋友：

「為什麼大家都這樣看不起我？」

「因為你把錢看太重了。」

回家以後，這位富翁足足想了一夜，第二天把律師找來，並當眾宣布當他死後，要把所有財產捐出去。

但富翁發現這樣做，仍然未能贏得當地民眾的尊敬，這使得他大惑不解，於是再度跑去問他的朋友。

「為什麼我已經答應在死後將全部財產捐出，大家還是不喜歡我？」

「讓我告訴你一頭豬和母牛的故事，」朋友說，「有一天，豬向母牛訴苦，抱怨人們總是那麼討厭牠，而稱讚母牛慷慨與仁慈。豬承認母牛供給人們牛乳，但認為自己給得更多，因為牠死後連整個生命都奉獻給人們了。母牛告訴牠：或許因為我是在自己還活著的時後就給吧！」

要活得很豐富，而不是在死的時候成為一個很富有的人，這就是我的意思。寧願像加里利海一樣豐富地活，也不要像停滯的死海一樣富有地死去。

金錢的另一個說法是「貨幣」（currency），同樣也是流通的意思。如果我們只會緊抱著錢財，那就跟一灘死水一樣；反之，循環流動即能蓬勃豐富，生生不息。

一個不動的湖水只會越來越少，但流動的河水卻越來越多，因為它把自己都給出去，給人們、給農田、給大地、給海洋，它給予越多，就越充沛，就越活、越新鮮。

因為你越是把自己掏空，你就越能夠接受，你給得越多，你就越豐富，就像加里利海一樣。

The greatest lesson in life is to know that even fools are right sometimes.

Winston Churchill

4

重要的是如何生存，而非如何死亡。

——英國文學家約翰生

We must become the change we want to see.

Mahatma Gandhi

別人永遠是別人

除非那道牆先拿掉，除非「我」先消失，否則你不可能有真正的朋友。

每個人都活在自己的皮囊裡，從這皮囊你跟別人築起了一道牆，牆外的是別人，牆內的是自己，這道牆也就形成了關係的障礙。

當你去畫分「你」和「我」，別人就成了敵人，別人不可能是朋友，只要是「非我」就是敵人，差別只是你對有些人有較多的敵意，對有些人敵意較少，就這樣而已，但別人仍然是敵人。

那誰才是朋友呢？最少敵意的就是朋友，朋友跟敵人都被阻隔在你的門外，朋友就是比較接近門口的，而敵人就是離門口最遠的，但他們都一樣在門外，你跟別人一定會有分別、嫉妒、競爭，即使你所謂「最好的朋友」也不例外。

或許你們是用「良性」的方式競爭，你們會以一種「友善」的方式來對抗，但是你們不可能沒有任何敵意。因為別人永遠是別人，這是必須加以了解的，就算再要好的朋友仍是別人，除非那道牆先拿掉，除非「我」先消失，否則你不可能有真正的朋友。

只要有「我」就有「你」，那是永遠對立的兩極。如果「我」不消失，「你」就不可能消失，那個爭鬥、嫉妒、對抗也就一直會在。

有一則寓意深遠的故事：

某個深夜，一位男士來到他所深愛的女子門前、敲門。

4 捨

「是誰？」女子在屋內問說。

「是我。」男士答道。他知道女子認得他的聲音。

「這裡很小，沒有容納你和我兩人的餘地。」女子在門內回答。

門沒打開，男士失望地離去。

在孤寂中，男士對女子的思念與愛意日漸加深，他決定對她做最真誠的表白。於是，在某天晚上，男士又來到他所愛的女子門前，敲門。

「是誰？」女子在屋內問說。

「是妳。」男士輕輕答道。

這次，女子的門終於為他打開。

唯有當「我」消失，那個「別人」才能消失；當「我」不在，友誼和情誼才能真正的存在。

如果你將兩塊冰塊放在一起，它們會彼此觸碰，但如果它們融解變成了水，它們就可以互相融入對方。

當「你」和「我」那道牆消失了，也就沒有什麼好畫分的，要怎麼去畫分？門已經打開，內在和外在融為一體，你與別人界線消失不見，敵意也就消失不見。

我即是惡魔

放下了占有，那個執念不在了，痛苦也就不可能存在。

當小孩子到了二、三歲時，「自我意識」開始形成，他們會以「我的」爸爸，「我的」媽媽，「我的」學校，「我的」玩具來宣示自我，如果你拿了他玩具，他馬上會搶回來，即使那個玩具他並沒有很大的興趣，但是他會說：「那是『我的』玩具，你不能拿走！」他對「自我」的興趣遠超過對玩具的興趣。

注意看小孩子，你就可以看到「自我」是如何在運作。每一個小孩都想從別人那裡拿東西，而自己卻一毛不拔。如果一個小孩子在玩玩具，然後有另一個小孩來，他會變得很執著玩具，他隨時都準備攻擊，因為那個是「我的」。當你宣稱什麼東西是你的，那個占有的概念就會升起，透過那個占有物，你的「自我」就這麼形成。

一旦那個「我的」進入，你就開始跟每一個人競爭；一旦那個「我的」進入，你就與別人產生對立、衝突、暴力。一旦有「我的」那你就不可能和諧平靜。當「自我」，我們一直珍惜和保護的那個「我」受到威脅，或是得不到他想要的東西，就是痛苦升起的時候。

我們所有的痛苦不都環繞著我、我、我……「我的」房子、「我的」孩子、「我的」妻子、「我的」車子、「我的」名字，同時也累積了一堆「我的」想法、「我的」觀點、「我的」認知。你被「我執」所監禁，受了很多苦，但你畢生被教導說，它是有價值的，所以你就抓著不放，你越執著，就越痛苦。

印度大乘佛教寂天菩薩（Shantideva）認為我們所執著的「我」即是惡魔，他說：

「世間一切暴力、恐懼和痛苦都來自我執。這個惡魔對你有什麼好處？如果你不放下『我』，你的痛苦將永無止期。正如你不放下手中的火，必然阻止不了火燒到你的手。」

所以，放下的過程首先要拋棄的就是對自我的執念，先放下自我，才可能放下占有；放下了占有，那個執念不在了，痛苦也就不可能存在。

先空掉我們的心

任何一個創新都必須超越學習。超越的第一步，就是要先捨棄。

南隱禪師是日本明治時代一位著名的禪師。一天，有位大學的教授來找他，說是來請教禪的道理。南隱以茶水招待，當茶水已經倒滿杯時，他還繼續倒。

教授看著茶水不斷溢出杯外，忍不住說：「茶都已經滿了，為什麼還一直倒呢？」

南隱這才收手，笑說：「你就像這個茶杯，裡面裝滿了自己的想法和見解。如果不先把自己的杯子空掉，叫我怎麼對你說禪？」

空的杯子可以裝水，然而一旦裝滿了水，就再也裝不進任何東西。所以，關鍵不在學習什麼，關鍵在我們必須先空掉我們的心，先丟棄過去的成見。

我聽說，有個學者對哲人拉瑪納買赫西說：「我從很遠的地方來跟你學習，請你多指教！」

拉瑪納買赫西笑說：「如果你是要來學習，那麼你要去其他地方，因為在這裡我們是脫掉學習，在這裡我們不教你知識，你已經知道太多了，那就是你的問題，如果你再學得更多，你的問題只會變得更多。」

他是對的，就像雕刻大師朱銘說的，「修行」不是學來的，「畢卡索的畫是不是學來的？愛因斯坦發現相對論是不是學來的？」當然不是，任何一個創新都必須超越學習。超越的第一步，就是要先捨棄。

我們過去所學到的知識、經驗、信仰就像一艘船，可以幫我們渡過人生的大河，但請注意，當你渡過河岸，就應該把它拋下，不要把船扛在身上，否則它反而會成為你的負擔和障礙。

禪即是空，它不是學來的，而是一種修行，你必須先空掉你的想法，如此禪才能進入內心。

捨 4

讓愛像大海一樣

你太充滿自己了，愛根本沒有存在的空間。

愛必須是無我的，當你墜入愛河的時候，你就死了。

愛就是自我的死亡，只有那些「無我」的人能夠愛，如果你非常自我，那你將無法去愛，如果你的自我意識太強，愛就達不到你，你必須先空掉自己，就像大海先空掉自己一樣，那所有的河水才會流向你。

人們所謂的愛，都太過自我了。你說，你很愛某個人，為什麼？因為他很帥、她很美、他很有才華，她很有氣質，她很溫柔，他對我非常體貼，她對我、對我的家人很好，他真的很特別……。這些都涉及到你的自我，也許對方滿足你的優越感，也許對方讓你舒服快樂，所以，你真正愛的並不是那個人，你愛的其實是你自己。

你想過嗎？為什麼你會喜歡某個人，卻討厭某個人，原因出在那裡？原因就出在你的自我。有誰滿足了你的自我，你就喜歡他；反之，誰打擊了你的自我，你就厭惡他。你喜歡諂媚，喜歡別人關心你、重視你，這可以壯大你的自我，讓你的自我受到滋潤，所以有人誇獎你、讚美你，你就會喜歡那個人；而如果有人說你不好，傷害到你的自我，你就會敵視他。

這也就是為什麼許多相看兩不厭的情人，後來卻變成相看兩相厭的仇人。因為你喜歡那個人，是因為自我被滿足，對方喜歡你也是一樣，你們都有相同的需求，一旦雙方都企圖去滿足自我，或試圖要維護自我，麻煩就來了。

你會變得越來越堅持自己的想法，越來越想支配、掌控，而對方也是如此，於是你們開始爭執、對抗、傷害彼此，你們變得越來越不順眼。

你的自我越強，愛就越難進入，因為你太充滿自己了，愛根本沒有存在的空間，那就是為什麼說，愛必須無私無我，你必須把妒忌、懷疑、憎恨、控制、占有……一切占據愛的雜物都丟掉，讓愛像大海一樣空空的——空空的才能裝滿，裝著滿滿的愛。

己所欲，施於人

你想得到什麼，就先給別人什麼。

人很容易忘記別人給予的好處，卻對別人的忘恩耿耿於懷；與人相處，多半也都是先想到自己，想到自己能從中得到什麼，卻很少去想自己付出了什麼，即使是付出幾乎也都是「有所求」的。

這種情形不光在職場、商場、在人際關係，甚至在最親密的關係也是如此。這也就是為什麼情侶和伴侶們常在對彼此發牢騷，每一對愛人都認為：「我付出太多，但對方卻辜負了我。」而另一個人也這麼說，問題到底出在哪裡？

問題就出我們愛一個人，我們就期待有所回報，回報總是被期待著，雖然我們用愛做包裝，但裡面裝的不是禮物，是期待、是回報；當一方沒有達到「預期」的回報時，問題就來了。

你去注意一下那些情侶們，他們對彼此說：「我愛你」，可是他們內心深處其實是想被愛，他們真正關心的是自己是否被愛。愛人不是重點，被愛才是真的。換句話說，他們愛人是為了自己能被愛，所以情人們一再的問「你到底愛不愛我？」，原因就為了「要被愛」，至於自己是否愛人，反而是其次了。

人們總是說：「你多愛我一點，我就對你好一點。」、「你先對我好，我就對你好。」、「先給我報酬，然後我就付出。」這就好像站在火爐前，說道：「火爐，先給我多一點溫暖，然後我才給你加點木柴。」這不是很可笑嗎？

你不先加木柴，又怎能得到更多的溫暖呢？

愛應先施後得。你要別人如何對待你，就該先如何對待別人；在你得到任何東西前，必先給予。對，要先給予，你想得到什麼，就先給別人什麼。

如果你想得到愛，就先付出愛；如果你想快樂，就帶給別人快樂；如果你想物質富足，那麼就幫別人富足；如果你希望得到讚美，那就多去讚美別人。

「己所欲，施於人。」記住，如果你是心甘情願，就永遠不會付出太多。

4 捨

一個錢也不花！

一個對別人沒有價值的人，自己也將失去意義。

有個教會，要蓋一間新教堂，所以教堂執事們都到教友家去勸募建堂經費。有一個教友不願奉獻，他嘀咕說：「我還有年邁的父母要照顧，我的孩子、妻子都要靠我養……。」

等他說完後，教堂執事說了一個他自己的故事：

「二十五年前，他家多了一個男孩子。自從他來到這世界就不斷地花費他的錢。小時候不免容易生病，花在醫院裡的不少，加上玩具、營養品；長大一點，上學、買書、學才藝，也要花錢；再過一段時間，看電影、跳舞，跟女朋友約會也要花錢；進了大學，花錢更多；正待他將畢業的時候，卻染上了絕症，死了。」

教會執事停了下來，清一清喉嚨，沉沉地說：「你知道嗎？從此以後，他就不再花我的錢了，一個錢也不花！」

能奉獻是幸福的，你能分享自己，能為別人付出，那是非常幸福的。

但人們似乎很少這麼想，我們總是把奉獻看作是負擔，說什麼：「我還有年邁的父母要照顧，我的孩子、妻子都要靠我養。」講得好像是很不得已的負擔，而你必須去履行這個義務。

怎麼會這麼想呢？如果沒有了他們，失去了可以付出的對象，那你所有的努力有什麼意義？你的生命又有什麼價值？

你要慶幸父母、伴侶和孩子那麼需要你，如果沒有人需要你，那你活著是為什麼？你要慶幸自己能有機會奉獻社會，如果你對社會沒有任何價值，那你活著又有什麼意義？

套句蒙田的話：「一個對別人沒有價值的人，自己也將失去意義。」

「做好事」和「過好日子」

在最需要你的時候，到最需要你的地方，做最需要你的事。

你有沒有發現，每當你想做什麼壞事，比方生氣、罵人，你想都不必想，你立刻就會去做，但是當你說要去做什麼好事，你就會拖延，你會說：「等以後……，等你有錢以後……」我們的善心往往曇花一現，有火花，卻沒火光，往往只有三分鐘熱度。

人們常會說：「我又沒錢要怎麼做善事？」這根本是推託之辭，正因為你沒錢，那份心才是最可貴的。

誰說一定要有錢才能做善事？你可以藉由很小的事情，比方幫助行動不便的老人，指引迷路的陌生人，鼓勵一個頹廢低潮的朋友……。千萬別低估了小小善行的影響力。一個微笑，能給別人帶來愉悅；一個關愛的眼神，就能給人帶來希望；一個關懷的舉動，就能讓人從痛苦中解救出來；一個激勵的話語，甚至能讓一個人起死回生。

有些病人曾親口告訴我，他們曾經有過結束生命的打算，然而就在跟我聊過，或有些人在讀了我的書之後，打消了自殺的念頭。豔陽下，一隻蠟燭的光或許微不足道，但這一燭光，卻能照亮整個暗室，給黑暗帶來希望。

所以，不要擔心沒錢，即使是一朵小花、一句讚美或一個祝福，都是強而有力的贈予。當你關心某個人，你可以默默為他祝福，祝他快樂、健康、平安。你可以把這些善念迴向給所有你認識或不認識的人，這種施予的力量十分強大，卻不花你一毛錢。

詩人喬治・艾略特（George Eliot）說過：「一枝蠟燭點燃另一枝，本身半點兒都沒有損失。」如果你手中握著一枝點燃的蠟燭，而我拿著一枝未點燃的蠟燭，以你的燭火點燃我的蠟燭，你的光亮並不會因此而減弱，不是嗎？

十九世紀美國女詩人，愛美莉・狄更生寫過一首小詩：

如果能免除一個人的心碎，就算沒有白活；如果我能夠讓一個生命少受點苦，或是幫助一隻迷途的知更鳥回到鳥巢裡，那日子就算過得有意義。

詩人艾略特還寫過這麼一段話，她說：「如果，日落時你坐下，算算你今天的言行，如果發現曾做了一些善事，或說了一句寬慰人心的話，或投以別人一個慈善的眼神，如落日的光輝——那麼，你這一天就算善用。」

「做好事」和「過好日子」是分不開的。

去看看你能幫助什麼，趕快設法找一個起點。

在什麼時候？什麼地方？怎麼做？

答案是，在最需要你的時候，到最需要你的地方，做最需要你的事。

不只是朋友

你呼吸中有我，我呼吸中有你，大家都是一家人。

當你呼吸時，你吸入的是周遭的人、花草樹木、貓狗吐出來的氣體，而呼出的空氣也被他們吸入。一隻鳥兒飛過來，吸入你吐出的氣體，帶著它飛到樹林，呼出了含有你分子的氣息，與樹木的吐納作交換，於是你成了樹木的一部分。

你無法吃樹木，但是樹木可以透過泥土和陽光來滋養水果，當你吃水果，你也吃進了泥土；在水果裡面你吃進了維生素，那你也吃進了太陽，它們都成了你的一部分。

就在幾天前，水果還是在一棵樹裡面流動的汁液，而現在你吃水果，它成了你身體裡面流動的血液。你的氣息進入樹木，樹木進入水果，水果又進入了你，每一樣東西都連在一起。我呼出的空氣跑進樹木裡面，樹木呼出的空氣又跑到你那裡，而你呼出的空氣又跑到我裡面，生命是互相關聯，深深地融合在一起。

不管是你的愛人或敵人，你的狗或貓，都跟你呼吸一樣的空氣；一個在非洲嘆息的老人，一個在土耳其哭泣的母親，或是在黃金海岸歡樂的戀人，都與你一樣在呼吸，每一刻都在將空氣交換。

你吃飯，吃麵，吃蘋果，你也吃進了陽光、空氣、水，它們成了你存在的一部分，然後你排泄，你身體的某部分就成了肥料，成了大自然的食物，滋養稻米、麥田和果樹，再變成別人的食物……一個持續的給與取，你存在我裡面，我存在你裡面，整個世界是相互依存的整體。

一日你了解到我們都互相歸屬，突然你的看法就會改變，原來我們都是一體的，樹上水果並不是你，在你將水果吃下去之後，它就變成你。

你在呼吸，在你體內那一口氣是你的，但在幾秒之前卻是別人的，不論你是在百貨公司閒逛，還是是走在街道上，沒有人是與你無關的，每個人都是朋友。不只是朋友，事實上，每個人都是你的一部分，你也是他們的一部分，你呼吸中有我，我呼吸中有你，大家都是一家人。

拾

四海是一個家

天地與我並生，萬物與我合一。

約翰頓說：「任何人都不是孤島，而是互相比鄰的陸地。」你在大海中看到的島嶼，它們也不是孤立的，它們也是隱藏的海底大陸的一部分。

事實上所有的陸地都是連在一起，所有的海洋也是連在一起。我或許從不同的海岸接觸到海洋，你或許從幾百萬英哩以外的海岸接觸到海洋，但是我跟你是接觸到同一個大海。

如果你在台灣東海岸游泳，你知道嗎？其實你跟沖繩島、夏威夷群島和加利福尼亞半島的人是泡在同一個浴池，如果浴池的另一邊有人下毒，你也會受到污染。是的，就算你不進入浴池，你也無法置身事外，因為當海水蒸發升到天空，然後化作雨淋到你的頭上，或是流到你喝水的源頭，你不可能不受到任何影響。

你往池塘裡扔一顆石頭，它會在水面掀起一波振動，一個波動與另一個波動融合，又會製造出新的波動，使得每件事都互相糾纏關聯。

人們總認為別人是別人，我是我，自我會去畫分說：「我跟別人是分開的，跟樹木分開，跟天空分開，跟海洋分開，我跟其他人、跟其他東西是分開的。」但真是這樣嗎？你真的是跟其他東西分開嗎？

如果你是一片樹葉，那麼你望向其他的樹葉，當然你會覺得你跟它們是分開的，你很難想像其他樹枝上的樹葉跟你有什麼關係，甚至連你旁邊的樹葉都顯得好像跟你毫無瓜葛。但是如果你能跳出「自我的格局」，去看整體，你就會發覺鄰近的葉子是懸在跟你同一個樹幹上，你們來自同樣的源頭，你們來自同一棵樹，發源自同一個樹根。

宇宙萬物就像你的十隻手指，看似各自獨立，卻合在一體。當食指受傷，那是你受傷；當拇指被砍下來，你就少一枝手指。當天空破了一個大洞，你就要小心酸雨，如果你更深入去看，你就會知道它們並不是分開的，它們是同一個真實存在的不同形式。

肢體器官雖多，但身體只有一個。不管你是客家人、山地人、閩南人或外省人，都是同在一塊土地；不管你是希臘人、猶太人、印度人，都在同在一個地球，大家所共享的是同一個世界，同一個陽光，呼吸的是同樣的空氣。畢竟這個地球不是你的或我的，它是我們的。

佛教說：「同體大悲。」即是一切都與你不可分割，既然是與己同體，自會對其慈悲，因為傷害他人就等於傷害自己，你不可能將拇指的快樂建築在食指上，因為這兩隻手都是你的手。

當其他的生物都死光時，你也活不下去；當別人都很悲傷，你也將很難快樂；當每個人都是一張臭臉，你怎麼笑得出來呢？當別人死掉，你怎麼能夠覺得快活？基於此，佛教教人要普渡眾生。

因為我們不是孤立的小島，而是連在一起的陸地，你需要幫助，我怎麼能置之不理呢？不！那是不可能的。你陷入黑暗，我怎麼能不給你指引？我怎麼能燈光輝煌而不照亮於你呢？不！那是不可能的。你如此消沉我怎麼能視若無睹呢？不！那是不可能的。

「天地與我並生，萬物與我合一。」當你格局變得更廣，生命就變得越大，你不在是一個小池子，而是一個海洋，一個大池子。你不再局限在你、你的先生、太太、你的孩子和生活的小圈子，天涯若比鄰，四海是一個家。

胸懷還是不夠大

如果去掉「人」字，改成「遺失了ㄢ，拾得了ㄢ」那就更好了。

美國第二十五任總統麥金萊（William Mckinley）有一次搭乘火出車到印地安納州，他站在火車最後一節發表連任競選演說。演說完畢離開時，他向月台上的民眾揮手告別，一不小心，把手裡的一隻皮手套掉在月台上，可是此時火車已經漸漸移動，他就用熟練的投球手法，把手裡的另一隻手套，也丟在月台上那一隻的旁邊。

身旁的人不解地問他：「為什麼這樣做？」

他說：「天底下最煞風景的事，莫過於只撿到一隻手套了！」

這故事讓我想起甘地，他也有過類似的經歷，當時他搭乘火車橫越印度，下車時，一隻鞋掉落鐵軌上，手偏偏又搆不著，甘地非但不去煩惱如何取回鞋子，還做出令同遊者吃驚的舉動——他脫掉另一隻鞋，丟在第一隻鞋掉落的地方。

人家問他為何這樣做，甘地面帶微笑回答：「這樣一來，撿到第一隻鞋的可憐人就有雙鞋好穿了！」

在自己身上想到別人，在別人身上看到自己，如此一來，你就不會斤斤計較，你就不會患得患失，因為別人不是別人，別人也是你。

楚王喜歡打獵，一天在圍場裡追逐一頭野獸的時候，也曾不巧遺失了心愛的雕弓，旁邊的侍從正要去找，楚王說：

「算了，楚人遺失弓，楚人撿到，這樣不等於沒有遺失，何必去找呢？」

此事傳出去後，人人稱讚楚王「心胸寬大」。孔子聽說了這件事，評論道：

「胸懷還不夠大，何不說『天下有人失弓，天下有人撿到』，何必局限『楚』呢？」孔子將國界除去，老子聽說了這件事，感慨地說：

「胸懷還是不夠大，如果去掉『人』字，改成『遺失了弓，拾得了弓』那就更好了。」

楚王遺去了心愛的弓，他想到的是楚人得到，所以放棄了自我的得失心；孔子則認為天下是天下人的，不該有國界之分；老子則更徹底，認為雕弓原本就是自然的一部分，失與得是一樣的，還是自然的一部分，那是沒有分別的。

心寬，天地闊。人的心胸若能像天地一樣的寬闊，不計得失，不分你我，那也等於活出自我，等於擁有整個世界。

你應該反過來感謝他們

獨享，你只能看到單一的色彩；分享，卻可以從別人眼中，看到不同色彩。

幸福是來自分享，與人分享比獨享更美好，這是真的，雖然它的外表看起來沒那麼好。

想像一下，有個早晨你醒來，你發現全世界的人都不見了。哇！你突然擁有一切，名車、豪宅，飯店、百貨公司……全都是你的，但不久你反而覺得失去了什麼——你發現沒有人與你分享，你雖然擁有了一切，但是少了分享的對象，你反而失去所有。

所以說，能分享是幸福的，難道不是嗎？你要感激那些與你分享的人，因為他們讓你感受到了富足，他們讓你找到了美好。

當你分享的時候，不要心存你是給別人「好處」的想法，你是為了你自己。當你給予的時候，受益人是你自己，是他們讓你感覺到富足與美好，你應該反過來感謝他們。不要再期待回報，更不要因為別人的回報，你才願給予，重點並不是別人。

當你擁有五顆饅頭，千萬不要把它們都吃掉，因為你把五顆饅頭都吃掉，你也只能吃到一個味道，甚至吃太多還會食不知味。

如果你把饅頭分享給別人，你不但可以獲得友誼，以後當別人擁有的時候，也會分享給你。獨自欣賞是一種美，但與人分享更美；獨自品嘗是一種快樂，但與人分享更快樂。

人們越來越富有，但這世界上卻越來越貧乏，為什麼？因為大部分人都不想和別人分享擁有的。我們不能把自己的家築成一個天堂，而把地獄阻在門外。

我建議大家，每天早上在出門以前都應該先這麼想過一遍：「今天，我能分享什麼，好讓這個世界因我而變得更美好。」

把注意力由「如何從別人身上得到什麼？」轉換到「我可以分享給別人什麼？」

獨享，你只能看到單一的色彩；分享，卻可以從別人眼中，看到不同色彩。

凡是生命中有價值的事物，只有在分享之後，才會加倍增值。

4 捨

活在他人心中

給別人散播花香的人，自己也會沾上一縷花香。

俄國通神學會的創立者勃拉瓦茨基女士（Madame Blavatsky），她總是手提兩個袋子，不管是晨間散步或搭車旅行，那兩個袋子她一直隨身帶著，而且她會把袋中的東西往外丟。

人們曾問她：「妳袋子裡裝著什麼？」

她說：「袋子裡裝的是季節性花朵的種籽。」

「妳為什麼要不斷把它們往外丟？」

「這已經是我一輩子的習慣了，」她笑說：「我喜歡到處旅遊，順道把這些種籽播撒到各處。也許我以後不會再來這些地方，但是那也無妨，當季節來到時，花朵自然會綻放開來，所有經過這地方的成千上萬的人將會看到一片萬紫千紅。」

「他們雖然不會知道我這個人，然而這沒有關係。有一件可以確定的事情是，我正在為這世界帶來美好，這點是確定的。有些孩子也許會來摘一些花回家，有些戀人或許會來為彼此做花環，在他們不知情中，我會成為他們之間愛的一部分，我會是孩子喜悅的一部分，那些純粹只是經過小徑觀賞美麗花朵的人們，我也是他們的一部分。」

她說得對。真正的擁有，不在一己的獨占，而在於能為大家所分享；真正的富有，不在時人的羨慕，而在於能為後人所景仰。

我聽過一則故事，有個老人在院子裡種樹苗，路過的旅人問道：

「這樹要幾年才會結果實？」

老人說：「大概要一百年吧！」

旅人繼續問：「你可能再活一百年嗎？當這些樹木結果，你可能都已經不在了，我想知道：你為什麼要這麼做？」

那個老人看著旅人，然後笑了，他說：「如果我的祖先們也有這種想法，我就無法享受這些果實。這個果園之所以果實累累，那是在我出生前父親和祖先就種下這些樹木，我種樹也是希望能福蔭後人，我是以感激的心情來做我所能做的事。」

能活在他人心中，你的存在變大了，即使你已經不在了，生命也會延續下去。

給別人散播花香的人，自己也會沾上一縷花香；為別人帶來陽光的人，自己也不會被排除在外。

4 捨

給越多，得越多

一粒麥子不死，它永遠只是一粒麥子而已。

一滴水要如何不乾？流入大海就不會乾掉。

一粒麥子要如何不死？撒在土裡就不會死。

這是宇宙最神奇的法則，你給出自己越多，不但不會失去自己，反而會得到更多。

只要到花園看看，如果花一直留在上頭，它就無法長出更多的花。

如果花朵不願分享自己，那花開花落，即使再多再美的花終究會凋零。反之，如果它願意分享，讓別人去摘，那它被摘下越多，就會長出更多的花；給出十朵，之後就會長出二十朵花來。

再看看樹木，當太陽升起，水開始從葉片蒸發，當水被蒸發，樹木就會從根部吸收新水，如此源源不絕，水被蒸發越多，樹木就扎根越深，扎根越深吸水越多，樹木成長就越快。

「一粒麥子不死，它永遠只是一粒麥子而已。」許多人往往只知道守著麥子，把麥子儲藏起來，殊不知，麥子不只是麥子，同時也是一顆種籽，種籽只有撒在土裡，它才可能變成更大更多的麥子。

人們非常吝嗇，以為一旦我們付出任何東西給別人，我們就不再擁有。他們將世界看成是一塊固定的餅，當別人拿走一大片，自己的一分就少了，所以非常吝於給予。

然而，整個宇宙的特性正好相反，你給予什麼，就會回來什麼；上去的必定會下來，出去的必定會回來。

如果你一直用手把水往自己方向划來，水就從兩邊流走，反之，當你向對方推去，水反而全往自己方向流過來。

河水流入大海，海洋變成了雲朵，移向高山，然後再以雨水落下，充滿河流。

河水有任何損失嗎？沒有，表面上看來這河水似乎是失去了自己，然而當河水流入了大海，它並沒有失去什麼，它變大了，它成了大海，它永遠不會乾掉。

無私、無我的愛，表面上看來，好像是失去什麼，好像是失去了自己，事實正好相反。當你是無我的，當你的愛裡面沒有私心，你只是給予、只是分享，就像河水流入大海，那不是「失去自我」而是「活出自我」。

當你感到快樂時，你注意一下，你將發現你是無我的，是的，當時你是沒有自我的。在那些快樂、喜悅、幸福的片刻，突然間自我消失了。那也是為什麼許多人在無私奉獻，做義工之後，會覺得很快樂。

從井裡將水提出來，然後就有更多新鮮的水會湧入你的井裡……豐沛的源頭總是源源不絕。一個活出自我的人永不枯竭。

結語

人們之所以會渴望擁有，是因為他們的內心深處是空虛的，因此，他們想要用某些東西來填補內在的空虛——或許是食物、金錢、權力、名聲、等任何東西都可以。但是當他們得到了，內在仍然一樣空虛。所以他們就更汲汲營營去追求，去占有，那就是為什麼人總是不滿足。

你已經得到你想要的，為什麼還不滿足？因為滿足不是外在，而是內在的感覺。你擁有你想要的東西，突然間，你看到你雖然擁有，但內在還是空虛，即使那些東西是你的，你仍然缺憾，內在的痛苦並沒有解除，人生的悲哀就在這裡。不管你得到了什麼，你似乎都少掉了什麼。

生命中一定還有某些東西被我們遺忘了，那到底是什麼呢？是你的內在，沒錯，空虛是在內在被感覺到。你或許可以擁有世界所有的財富，但是你怎麼能夠將它們帶到裡面去填補那個空虛？不，即使當你擁有一切財富你仍然會覺得空虛，或許還會更空虛，在所有燦爛、舒適、奢華的對比下，空虛反而變得更清晰，那就是為什麼佛陀要捨棄整個王國，他領悟了。

沒有內在的豐富，外在永遠是空洞的。你累積越多東西，就有越多生命被浪費掉，因為它們必須用生命的代價去擁有，如果你繼續追逐，你內在就越空虛，那是一定的，因為不管你擁有什麼，到頭來都是一場空。

當死亡來臨你能帶走任何東西嗎？如果無法帶走，那你為什麼要那麼努力？為什麼要不斷累積？你不斷欲求是為什麼？你擁有很多東西，但是你卻無法擁有自己，如果你無法找出其中的意義，那你的存在又是為了什麼？

不要一味地向外，你必須轉一百八十度，開始向內尋找，從向外轉向內，從物質轉向心靈，從被愛轉向愛人，從利己轉向利人，從欲求轉向給予……這就是《四捨五入》這本書要傳遞給大家的，割捨身外之物，才能讓更多美好的事物進來。

不做乞求於外的乞丐，而要做富足於內的國王，與大家共勉！